中华人民共和国行业推荐性标准

公路桥梁抗震设计细则

Guidelines for Seismic Design of Highway Bridges

JTG/T B02-01—2008

主编单位:重庆交通科研设计院
批准部门:中华人民共和国交通运输部
实施日期:2008 年 10 月 01 日

人民交通出版社股份有限公司

图书在版编目(CIP)数据

公路桥梁抗震设计细则：JTG/T B02-01—2008 / 重庆交通科研设计院主编. — 北京：人民交通出版社股份有限公司，2016.9

ISBN 978-7-114-13318-3

Ⅰ. ①公… Ⅱ. ①重… Ⅲ. ①公路桥—防震设计—设计标准—中国 Ⅳ. ①U448.142.5-65

中国版本图书馆 CIP 数据核字(2016)第 218173 号

标准类型：中华人民共和国行业推荐性标准
标准名称：公路桥梁抗震设计细则
标准编号：JTG/T B02-01—2008
主编单位：重庆交通科研设计院
责任编辑：李　农
出版发行：人民交通出版社股份有限公司
地　　址：（100011）北京市朝阳区安定门外外馆斜街 3 号
网　　址：http://www.ccpress.com.cn
销售电话：（010）59757973
总 经 销：人民交通出版社股份有限公司发行部
经　　销：各地新华书店
印　　刷：北京市密东印刷有限公司
开　　本：880×1230　1/16
印　　张：7.25
字　　数：145 千
版　　次：2016 年 9 月　第 1 版
印　　次：2018 年 8 月　第 3 次印刷
书　　号：ISBN 978-7-114-13318-3
定　　价：45.00 元

中华人民共和国交通运输部

公　　告

2008 年第 27 号

关于公布公路桥梁抗震设计细则（JTG/T B02-01—2008）的公告

现公布《公路桥梁抗震设计细则》（JTG/T B02-01—2008），作为公路工程行业推荐性标准，自 2008 年 10 月 1 日起施行，原《公路工程抗震设计规范》（JTJ 004—89）中相应部分同时废止。

该细则的管理权和解释权归交通运输部，日常解释及管理工作由主编单位重庆交通科研设计院负责。请各有关单位在实践中注意总结经验，若有修改意见请函告重庆交通科研设计院，以便修订时研用。

特此公告。

中华人民共和国交通运输部

二〇〇八年八月二十九日

主题词： 公路　行业　规范　公告

交通运输部办公厅　　2008 年 9 月 2 日印发

前　言

根据交通部《关于下达1999年度建设标准、规范、定额等编制、修订工作计划的通知》(交通部公路发〔1999〕82号),由重庆交通科研设计院组织对《公路工程抗震设计规范》(JTJ 004—89)桥梁抗震设计部分进行修订,编写《公路桥梁抗震设计细则》。

在编写过程中,编写组开展了相关的专题研究工作,吸取了国内有关科研、院校、设计等单位的研究成果和实际工程经验;参考、借鉴了国内外先进的抗震类标准规范。2005年10月完成征求意见稿后,对全国交通、铁路、建设和地震部门的有关单位和个人广泛地征求了意见。根据反馈意见和建议,经反复讨论、修改,于2008年7月完成编写任务。

修订后的《公路桥梁抗震设计细则》共有11章、4个附录。修订的主要内容包括:

(1)扩大了适用范围,增加了非规则桥梁的抗震设计内容;对斜拉桥、悬索桥、单跨跨径超过150m的特大跨径梁桥和拱桥,给出了抗震设计原则和有关规定;增加了减隔震桥梁的设计原则和有关规定。

(2)修订了相应的设防标准和设防目标,采用了两水平设防、两阶段设计的抗震设计思想,由单一的强度抗震设计修改为强度和变形双重指标控制的抗震设计。

(3)补充、细化了场地和地基部分的有关规定。

(4)修订了地震作用部分,修订了水平设计加速度反应谱,反应谱周期由5s增加到10s,增加了场地系数、阻尼调整系数、竖向设计加速度反应谱等内容,增加了地震作用分量组合、设计地震动时程等有关规定,取消了综合影响系数。补充修订了地震土压力计算公式。

(5)增加了桥梁延性抗震设计和能力保护原则的有关规定,增加了延性构造细节设计的有关规定。

(6)增加了抗震分析建模原则和抗震分析方法等有关规定。

(7)修订了抗震措施的有关规定。

各单位在使用过程中,若发现问题或提出意见和建议,请及时与主编单位联系(地址:重庆市南岸区学府大道33号,邮编:400067,电话:023-62653430),以便修订时研用。

主 编 单 位:重庆交通科研设计院

参 编 单 位:同济大学

中国地震局工程力学研究所

清华大学
长安大学
大连理工大学
云南省公路科学研究所
交通部公路科学研究院

主要起草人: 唐光武　李建中　陶夏新　秦　权　刘健新　林家浩
张　力　许晓锋　李桓兴　王克海　郑　罡　黄福伟

目　次

1 总则

1.0.1 为贯彻执行《中华人民共和国防震减灾法》,实行预防为主的方针,减轻公路桥梁的地震破坏,保障人民生命财产安全,减少经济损失,更好地发挥公路交通网的功能及其在抗震救灾中的作用,制定本细则。

1.0.2 本细则主要适用于单跨跨径不超过150m的混凝土梁桥、圬工或混凝土拱桥。斜拉桥、悬索桥、单跨跨径超过150m的特大跨径梁桥和拱桥,可参照本细则给出的抗震设计原则进行设计。

1.0.3 本细则根据公路桥梁的重要性和修复(抢修)的难易程度,将桥梁抗震设防分为A类、B类、C类和D类四个抗震设防类别,分别对应不同的抗震设防标准和设防目标。

1.0.4 抗震设防烈度为6度及6度以上地区的公路桥梁,必须进行抗震设计。

1.0.5 本细则适用于抗震设防烈度为6度、7度、8度和9度地区的公路桥梁抗震设计。抗震设防烈度大于9度地区的桥梁和有特殊要求的大跨径或特殊桥梁,其抗震设计应作专门研究,按有关专门规定执行。

1.0.6 抗震设防烈度必须按国家规定权限审批、颁发的文件(图件)确定。一般情况下,抗震设防烈度可采用现行《中国地震动参数区划图》规定的地震基本烈度。对桥址已作过专门地震安全性评价的桥梁,应按批准的抗震设防烈度或设计地震动参数进行抗震设防。

1.0.7 公路桥梁的抗震设计,除应符合本细则的要求外,尚应符合国家、行业其他有关标准规范的规定。

2 术语和符号

2.1 术语

2.1.1 抗震设防烈度 seismic fortification intensity

按国家规定权限批准的作为一个地区抗震设防依据的地震烈度。

2.1.2 抗震设防标准 seismic fortification criterion

衡量抗震设防要求的尺度,由抗震设防烈度和公路桥梁使用功能的重要性确定。

2.1.3 地震作用 earthquake action

作用在结构上的地震动,包括水平地震作用和竖向地震作用。

2.1.4 E1 地震作用 earthquake action E1

工程场地重现期较短的地震作用,对应于第一级设防水准。

2.1.5 E2 地震作用 earthquake action E2

工程场地重现期较长的地震作用,对应于第二级设防水准。

2.1.6 地震效应 seismic effect

由地震作用引起的桥梁结构内力与变形等效应的总称。

2.1.7 设计基本地震动加速度 design basic acceleration of ground motion

重现期为 475 年的地震动加速度的设计取值。

2.1.8 特征周期 characteristic period

抗震设计用的加速度反应谱曲线下降段起始点对应的周期值,取决于地震环境和场地类别。

2.1.9 设定地震 scenario earthquake

根据场址地震危险性概率估计、区域地震动衰减关系确定的与设防地震动协调一致的地震,用震级和距离对表达。

2.1.10 非一致地震动输入 multi-support-excitation

特大跨径桥梁抗震分析，尤其是时程分析中各个桥墩的地震动输入有所不同，反映了地震动场的空间变异性和空间相关性。

2.1.11 液化 liquefaction

地震中覆盖土层内孔隙水压急剧上升，一时难以消散，导致土体抗剪强度大大降低的现象。多发生在饱和粉细砂中，常伴生喷水、冒砂以及构筑物沉陷、倾倒等现象。

2.1.12 侧向滑移 lateral spreading

伴随液化发生的较大范围地基土水平方向移动的现象。

2.1.13 抗震概念设计 seismic concept design

根据地震灾害和工程经验等归纳的基本设计原则和设计思想，进行桥梁结构总体布置、确定细部构造的过程。

2.1.14 弹性抗震设计 elastic seismic design

不允许桥梁结构发生塑性变形，用构件的强度作为衡量结构性能的指标，只需校核构件的强度是否满足要求。

2.1.15 延性抗震设计 ductility seismic design

允许桥梁结构发生塑性变形，不仅用构件的强度作为衡量结构性能的指标，同时要校核构件的延性能力是否满足要求。

2.1.16 延性构件 ductile member

延性抗震设计时，允许发生塑性变形的构件。

2.1.17 能力设计 capacity design

为确保延性抗震设计桥梁可能出现塑性铰的桥墩的非塑性铰区、基础和上部结构构件不发生塑性变形和剪切破坏，必须对上述部位、构件进行加强设计，以保证非塑性铰区的弹性能力高于塑性铰区。

2.1.18 能力保护构件 capacity protected member

采用能力保护设计原则设计的构件。

2.1.19 减隔震设计 seismic isolation design

在桥梁上部结构和下部结构或基础之间设置减隔震系统，以增大原结构体系阻尼和(或)周期，降低结构的地震反应和(或)减小输入到上部结构的能量，达到预期的防震要求。

2.1.20 抗震措施 seismic measure

地震作用计算和抗力计算以外的抗震设计内容,包括抗震构造措施。

2.1.21 抗震构造措施 details of seismic measures

根据抗震概念设计原则,一般不需计算,对结构和非结构各部分必须采取的各种细部要求。

2.1.22 常规桥梁 ordinary bridge

包括单跨跨径不超过 150m 的混凝土梁桥、圬工或混凝土拱桥。

2.1.23 特殊桥梁 special bridge

包括斜拉桥、悬索桥、单跨跨径 150m 以上的梁桥和拱桥。

2.2 符号

2.2.1 作用和作用效应

A——水平向设计基本地震动加速度峰值;

E_{ihp}——作用于梁桥桥墩质点 i 的水平地震力;

E_{htp}——作用于支座顶面处的水平地震力;

E_{ihs}——上部结构对第 i 号墩板式橡胶支座顶面处产生的水平地震力;

E_{hp}——墩身所产生的水平地震力;

E_{hau}——作用于台身重心处的水平地震力;

E_{ea}——地震主动土压力;

E_{w}——地震时在水深 1/2 高度处,作用于桥墩的总动水压力;

E_{max}——固定盆式支座容许承受的最大水平力;

E_{hzb}——E2 地震作用效应和永久作用效应组合后板式橡胶支座或固定盆式支座的水平力设计值;

G_{sp}——上部结构的重力或一联上部结构的总重力;

G_{cp}——盖梁重力;

G_{p}——墩身重力;

G_{tp}——桥墩对板式橡胶支座顶面处的换算质点重力;

G_{au}——基础顶面以上台身重力;

k_{itp}——第 i 号墩组合抗推刚度;

k_{is}——第 i 号墩板式橡胶支座抗推刚度;

k_{ip}——第 i 号墩墩顶抗推刚度;

S_{max}——设计加速度反应谱最大值；

δ——E2 地震作用下，采用截面有效刚度计算的墩顶水平位移。

2.2.2 计算系数

C_i——抗震重要性系数；

C_s——场地系数；

C_d——阻尼调整系数；

C_e——液化抵抗系数；

α——土层液化影响折减系数；

K——地基抗震容许承载力调整系数；

K_A——非地震条件下作用于台背的主动土压力系数；

K_a——地震主动土压力系数；

K_{psp}——地震被动土压力系数；

η——墩身重力换算系数；

γ_1——桥墩基本振型参与系数。

2.2.3 几何特征

d_0——液化土特征深度；

d_b——基础埋置深度；

d_s——纵向钢筋的直径；

d_u——上覆非液化土层厚度；

d_w——地下水位深度；

H_i——一般冲刷线或基础顶面至墩身各段重心处的垂直距离；

I_{eff}——有效截面抗弯惯性矩；

L——梁的计算跨径；

S_k——箍筋的间距；

$\sum t$——板式橡胶支座橡胶层总厚度；

θ——斜交角；

φ——曲线梁的中心角。

2.2.4 材料指标

E_c——桥墩的弹性模量；

G_d——板式橡胶支座动剪切模量；

f_{a0}——地基承载力基本容许值；

$[f_{aE}]$——调整后的地基抗震承载力容许值；

$[f_a]$——深宽修正后的地基承载力容许值；

γ——土的重度；

γ_w——水的重度；
μ_d——支座动摩阻系数。

2.2.5 延性设计参数

f_{yh}——箍筋抗拉强度设计值；
f_{kh}——箍筋抗拉强度标准值；
f'_{cc}——约束混凝土的峰值应力；
K——延性安全系数；
L_p——等效塑性铰长度；
M_y——屈服弯矩；
Δ_u——桥墩容许位移；
θ_u——塑性铰区域的最大容许转角；
ϕ^0——桥墩正截面抗弯承载能力超强系数；
ϕ_y——截面的等效屈服曲率；
ϕ_u——极限破坏状态的曲率；
ρ_t——纵向配筋率；
ε_{su}^R——约束钢筋的折减极限应变；
ε_{lu}——纵筋的折减极限应变；
η_k——轴压比。

2.2.6 其他参数

g——重力加速度；
N_1——土层实际标准贯入锤击数；
N_{cr}——土层液化判别标准贯入锤击数临界值；
T——结构自振周期；
T_g——特征周期；
T_1——梁桥桥墩基本周期；
ω_1——基本圆频率；
ξ——结构阻尼比。

3 基本要求

3.1 桥梁抗震设防目标及设防分类和设防标准

3.1.1 各抗震设防类别桥梁的抗震设防目标应符合表3.1.1的规定。

表3.1.1 各设防类别桥梁的抗震设防目标

桥梁抗震设防类别	设防目标	
	E1 地震作用	E2 地震作用
A类	一般不受损坏或不需修复可继续使用	可发生局部轻微损伤,不需修复或经简单修复可继续使用
B类	一般不受损坏或不需修复可继续使用	应保证不致倒塌或产生严重结构损伤,经临时加固后可供维持应急交通使用
C类	一般不受损坏或不需修复可继续使用	应保证不致倒塌或产生严重结构损伤,经临时加固后可供维持应急交通使用
D类	一般不受损坏或不需修复可继续使用	

3.1.2 一般情况下,桥梁抗震设防分类应根据各桥梁抗震设防类别的适用范围按表3.1.2的规定确定。但对抗震救灾以及在经济、国防上具有重要意义的桥梁或破坏后修复(抢修)困难的桥梁,可按国家批准权限,报请批准后,提高设防类别。

表3.1.2 各桥梁抗震设防类别适用范围

桥梁抗震设防类别	适用范围
A类	单跨跨径超过150m的特大桥
B类	单跨跨径不超过150m的高速公路、一级公路上的桥梁,单跨跨径不超过150m的二级公路上的特大桥、大桥
C类	二级公路上的中桥、小桥,单跨跨径不超过150m的三、四级公路上的特大桥、大桥
D类	三、四级公路上的中桥、小桥

3.1.3 A类、B类和C类桥梁必须进行E1地震作用和E2地震作用下的抗震设计。D类桥梁只须进行E1地震作用下的抗震设计。抗震设防烈度为6度地区的B类、C类、D类桥梁,可只进行抗震措施设计。

3.1.4 各类桥梁的抗震设防标准,应符合下列规定:

1 各类桥梁在不同抗震设防烈度下的抗震设防措施等级按表3.1.4-1确定。

表3.1.4-1 各类公路桥梁抗震设防措施等级

桥梁分类 \ 抗震设防烈度	6	7		8		9
	0.05g	0.1g	0.15g	0.2g	0.3g	0.4g
A类	7	8	9	9	更高,专门研究	
B类	7	8	8	9	9	≥9
C类	6	7	7	8	8	9
D类	6	7	7	8	8	9

注:g-重力加速度。

2 各类桥梁的抗震重要性系数 C_i,按表3.1.4-2确定。

表3.1.4-2 各类桥梁的抗震重要性系数 C_i

桥 梁 分 类	E1 地震作用	E2 地震作用
A类	1.0	1.7
B类	0.43(0.5)	1.3(1.7)
C类	0.34	1.0
D类	0.23	—

注:高速公路和一级公路上的大桥、特大桥,其抗震重要性系数取B类括号内的值。

3.1.5 立体交叉的跨线桥梁,抗震设计不应低于下线桥梁的要求。

3.2 确定地震作用的基本要求

3.2.1 各类公路桥梁抗震设计要考虑的地震作用,应采用所在地区抗震设防烈度相应的设计基本地震动加速度和反应谱特征周期以及本细则第3.1.4条第2款规定的抗震重要性系数来表征。

3.2.2 公路桥梁抗震设防烈度和设计基本地震动加速度取值的对应关系,应符合表3.2.2的规定。

表3.2.2 抗震设防烈度和水平向设计基本地震动加速度峰值 A

抗震设防烈度	6	7	8	9
A	0.05g	0.10(0.15)g	0.20(0.30)g	0.40g

3.2.3 对场址进行专门的地震安全性评价时,除符合现行《工程场地地震安全性评价》(GB 17741)的规定外,确定抗震设防标准及地震作用时还应满足本细则的相关规定。

3.3 抗震设计流程图

3.3.1 桥梁抗震设计应采用图3.3.1的抗震设计流程进行。

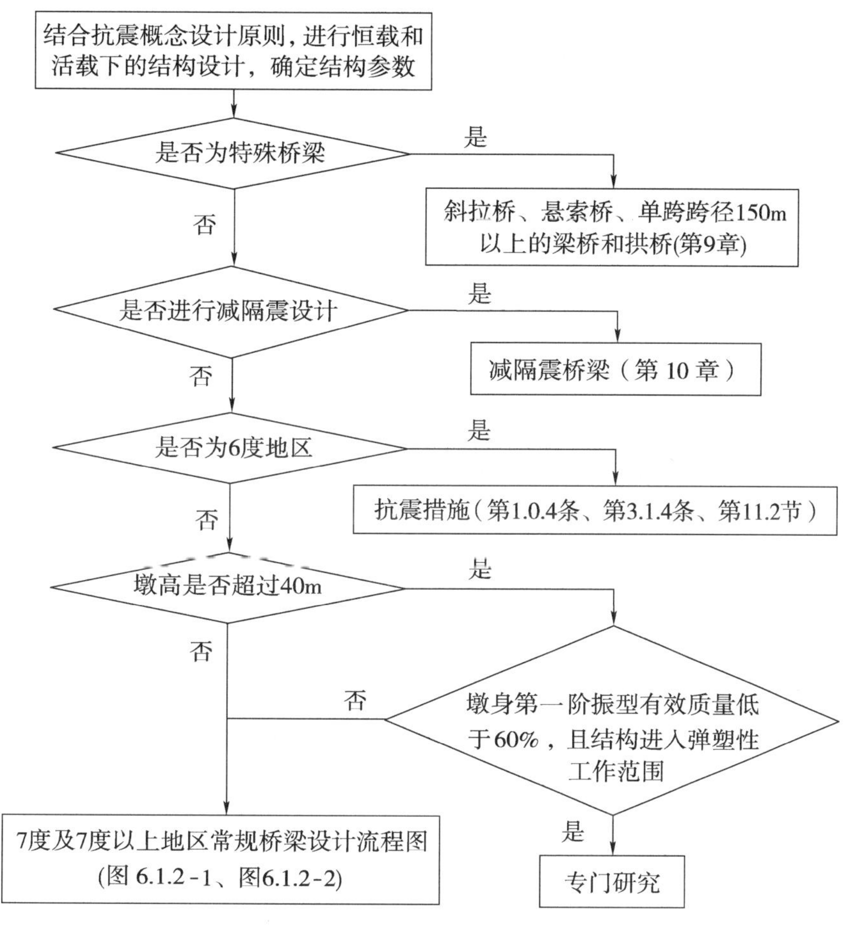

图 3.3.1　抗震设计总流程图

3.4　作用效应组合

3.4.1　公路桥梁抗震设计应考虑以下作用：

1　永久作用，包括结构重力(恒载)、预应力、土压力、水压力。

2　地震作用，包括地震动的作用和地震土压力、水压力等。

3.4.2　作用效应组合应包括永久作用效应 + 地震作用效应，组合方式应包括各种效应的最不利组合。

4 场地和地基

4.1 场地

4.1.1 桥位选择应在工程地质勘察和专门工程地质、水文地质调查的基础上,按地质构造的活动性、边坡稳定性和场地的地质条件等进行综合评价,应查明对公路桥梁抗震有利、不利和危险的地段,宜充分利用对抗震有利地段。

4.1.2 在抗震不利地段布设桥位时,宜对地基采取适当抗震加固措施。在软弱黏性土层、液化土层和严重不均匀地层上,不宜修建大跨径超静定桥梁。

4.1.3 各级公路桥位宜避绕抗震危险地段,对于高速公路、一级公路必须通过抗震危险地段时,宜作地震安全性评价分析。

4.1.4 对地震时可能因发生滑坡、崩塌而造成堰塞湖的地段,应估计其淹没和溃决的影响范围,合理确定路线的高程,选定桥位。当可能因发生滑坡、崩塌而改变河流流向,影响岸坡和桥梁墩台以及路基的安全时,应采取适当措施。

4.1.5 桥梁工程场地土层剪切波速按下列要求确定:

1 A 类桥梁,由工程场地地震安全性评价工作确定。

2 B 类桥梁,可通过现场实测确定。现场实测时钻孔数量应满足如下要求:中桥不少于 1 个,大桥不少于 2 个,特大桥宜适当增加。

3 C 类和 D 类桥梁,当无实测剪切波速时,可根据岩土名称和性状按表 4.1.5 划分土的类型,并结合当地的经验,在表 4.1.5 的范围内估计各土层的剪切波速。

4.1.6 工程场地覆盖层厚度按下列要求确定:

1 一般情况下,应按地面至剪切波速大于 500m/s 的坚硬土层或岩层顶面的距离确定。

2 地面 5m 以下存在剪切波速大于相邻上层土剪切波速 2.5 倍的土层,且其下卧岩土剪切波速不小于 400m/s 时,可按地面至该土层顶面距离确定。

3 剪切波速大于 500m/s 的孤石、透镜体,应视同周围土层。

4 土层中的火山岩硬夹层,应视为刚体,其厚度应从覆盖土层中扣除。

表 4.1.5 土的类型划分和剪切波速范围

土的类型	岩土名称和性状	土层剪切波速 v_s 范围(m/s)
坚硬土或岩石	稳定岩石,密实的碎石土	$v_s > 500$
中硬土	中密、稍密的碎石土,密实、中密的砾、粗(中)砂,f_{a0} > 200kPa 的黏性土和粉土,坚硬黄土	$500 \geq v_s > 250$
中软土	稍密的砾、粗(中)砂,除松散外的细、粉砂,f_{a0} ≤200kPa 的黏性土和粉土,f_{a0} >130kPa 的填土,可塑黄土	$250 \geq v_s > 140$
软弱土	淤泥和淤泥质土,松散的砂,新近沉积的黏性土和粉土,f_{a0} ≤130kPa 的填土,流塑黄土	$v_s \leq 140$

注:f_{a0}-由荷载试验等方法得到的地基承载力基本容许值(kPa)。

4.1.7 土层平均剪切波速按下式计算:

$$v_{se} = d_0/t \tag{4.1.7-1}$$

$$t = \sum_{i=1}^{n}(d_i/v_{si}) \tag{4.1.7-2}$$

式中:v_{se}——土层平均剪切波速(m/s);

d_0——计算深度(m),取覆盖层厚度和 20m 二者的较小值;

t——剪切波在地面至计算深度之间的传播时间(s);

d_i——计算深度范围内第 i 土层的厚度(m);

v_{si}——计算深度范围内第 i 土层的剪切波速(m/s);

n——计算深度范围内土层的分层数。

4.1.8 桥梁工程场地类别,根据土层平均剪切波速和场地覆盖土层厚度,按表 4.1.8 的规定划分为四类。

表 4.1.8 桥梁工程场地类别划分

平均剪切波速(m/s)	场地类别			
	Ⅰ	Ⅱ	Ⅲ	Ⅳ
$v_{se} > 500$	0			
$500 \geq v_{se} > 250$	<5	≥5		
$250 \geq v_{se} > 140$	<3	≥3,≤50	>50	
$v_{se} \leq 140$	<3	≥3,≤15	>15,≤80	>80

注:表中数据为场地覆盖土层厚度(m)。

4.1.9 桥梁工程场地范围内有发震断裂时,应对断裂的工程影响进行评价。

1 当符合下列条件之一时,可不考虑发震断裂错动对桥梁的影响:

1)抗震设防烈度小于 8 度。

2)非全新世活动断裂。

3)抗震设防烈度为8度和9度时,前第四纪基岩隐伏断裂的土层覆盖厚度分别大于60m和90m。

2 当不能满足上述条件时,宜采取下列措施:

1)A类桥梁应尽量避开主断裂,抗震设防烈度为8度和9度地区,其避开主断裂的距离为桥墩边缘至主断裂带外缘分别不宜小于300m和500m。

2)A类以下桥梁宜采用跨径较小便于修复的结构。

3)当桥位无法避开发震断裂时,宜将全部墩台布置在断层的同一盘(最好是下盘)上。

4.2 地基的承载力

4.2.1 地基抗震验算时,应采用地震作用效应与永久作用效应组合。

4.2.2 地基抗震承载力容许值应按下式计算:

$$[f_{aE}] = K[f_a] \tag{4.2.2}$$

式中:$[f_{aE}]$——调整后的地基抗震承载力容许值;

K——地基抗震容许承载力调整系数,应按表4.2.3取值;

$[f_a]$——深宽修正后的地基承载力容许值,应按现行《公路桥涵地基与基础设计规范》(JTG D63)采用。

4.2.3 柱桩的地基抗震容许承载力调整系数可取1.5,摩擦桩的地基抗震容许承载力调整系数可根据地基土类别按表4.2.3取值。

表4.2.3 地基土抗震容许承载力调整系数

岩 土 名 称 和 性 状	K
岩石,密实的碎石土,密实的砾、粗(中)砂,f_{a0}≥300kPa的黏性土和粉土	1.5
中密、稍密的碎石土,中密和稍密的砾、粗(中)砂,密实和中密的细、粉砂,150kPa≤f_{a0}<300kPa的黏性土和粉土,坚硬黄土	1.3
稍密的细、粉砂,100kPa≤f_{a0}<150kPa的黏性土和粉土,可塑黄土	1.1
淤泥,淤泥质土,松散的砂,杂填土,新近堆积黄土及流塑黄土	1.0

注:f_{a0}-由荷载试验等方法得到的地基承载力基本容许值(kPa)。

4.3 地基的液化和软土地基

4.3.1 存在饱和砂土或饱和粉土(不含黄土)的地基,除6度设防外,应进行液化判别;存在液化土层的地基,应根据桥梁的抗震设防类别、地基的液化等级,结合具体情况采取相应措施。

4.3.2 当在地面以下20m范围内有饱和砂土或饱和粉土(不含黄土),符合下列条件

之一时,可初步判别为不液化或不考虑液化影响:

1　地质年代为第四纪晚更新世(Q_3)及其以前时,7 度、8 度时可判为不液化。

2　粉土的黏粒(粒径小于 0.005mm 的颗粒)含量百分率,7 度、8 度和 9 度分别不小于 10、13 和 16 时,可判为不液化土。

3　天然地基的桥梁,当上覆非液化土层厚度和地下水位深度符合下列条件之一时,可不考虑液化影响:

$$d_u > d_0 + d_b - 2 \tag{4.3.2-1}$$

$$d_w > d_0 + d_b - 3 \tag{4.3.2-2}$$

$$d_u + d_w > 1.5d_0 + 2d_b - 4.5 \tag{4.3.2-3}$$

式中:d_w——地下水位深度(m),宜按设计基准期内年平均最高水位采用,也可按近期内年最高水位采用;

d_u——上覆非液化土层厚度(m),计算时宜将淤泥和淤泥质土层扣除;

d_b——基础埋置深度(m),不超过 2m 时应采用 2m;

d_0——液化土特征深度(m),可按表 4.3.2 采用。

表 4.3.2　液化土特征深度(m)

饱和土类别	7 度	8 度	9 度
粉　　土	6	7	8
砂　　土	7	8	9

4.3.3　当初步判别认为需进一步进行液化判别时,应采用标准贯入试验判别法判别地面下 15m 深度范围内土的液化;当采用桩基或埋深大于 5m 的基础时,尚应判别 15 ~ 20m 范围内土的液化。当饱和土标准贯入锤击数(未经杆长修正)小于液化判别标准贯入锤击数临界值 N_{cr} 时,应判为液化土。当有成熟经验时,尚可采用其他判别方法。

在地面下 15m 深度范围内,液化判别标准贯入锤击数临界值可按下式计算:

$$N_{cr} = N_0[0.9 + 0.1(d_s - d_w)]\sqrt{3/\rho_c} \quad (d_s \leqslant 15) \tag{4.3.3-1}$$

在地面下 15 ~ 20m 范围内,液化判别标准贯入锤击数临界值可按下式计算:

$$N_{cr} = N_0(2.4 - 0.1d_w)\sqrt{3/\rho_c} \quad (15 < d_s \leqslant 20) \tag{4.3.3-2}$$

式中:N_{cr}——液化判别标准贯入锤击数临界值;

N_0——液化判别标准贯入锤击数基准值,应按表 4.3.3 采用;

d_s——饱和土标准贯入点深度(m);

ρ_c——黏粒含量百分率(%),当小于 3 或为砂土时,应采用 3。

表 4.3.3　液化判别标准贯入锤击数基准值 N_0

区划图上的特征周期(s)	7 度	8 度	9 度
0.35	6(8)	10(13)	16
0.40、0.45	8(10)	12(15)	18

注:1. 特征周期根据场地位置在《中国地震动参数区划图》(GB 18306—2001)上查取。

2. 括号内数值用于设计基本地震动加速度为 0.15g 和 0.30g 的地区。

4.3.4 对存在液化土层的地基,应探明各液化土层的深度和厚度,按下式计算每个钻孔的液化指数,并按表4.3.4综合划分地基的液化等级。

表4.3.4 地基的液化等级

液化等级	轻 微	中 等	严 重
判别深度为15m的液化指数	$0 < I_{lE} \leq 5$	$5 < I_{lE} \leq 15$	$I_{lE} > 15$
判别深度为20m的液化指数	$0 < I_{lE} \leq 6$	$6 < I_{lE} \leq 18$	$I_{lE} > 18$

$$I_{lE} = \sum_{i=1}^{n} \left(1 - \frac{N_i}{N_{cri}}\right) d_i W_i \tag{4.3.4}$$

式中:I_{lE}——液化指数;

n——在判别深度范围内每一个钻孔标准贯入试验点的总数;

N_i、N_{cri}——分别为 i 点标准贯入锤击数的实测值和临界值,当实测值大于临界值时应取临界值的数值;

d_i——i 点所代表的土层厚度(m),可采用与该标准贯入试验点相邻的上、下两标准贯入试验点深度差的一半,但上界不高于地下水位深度,下界不深于液化深度;

W_i——i 土层单位土层厚度的层位影响权函数值(m^{-1}),若判别深度为15m,当该层中点深度不大于5m时应采用10,等于15m时应采用零值,5~15m时应按线性内插法取值;若判别深度为20m,当该层中点深度不大于5m时应采用10,等于20m时应采用零值,5~20m时应按线性内插法取值。

4.3.5 抗液化措施应根据桥梁重要性类别及地基的液化等级按表4.3.5确定。

表4.3.5 抗液化措施

桥梁分类	地基的液化等级		
	轻 微	中 等	严 重
A类、B类	部分消除液化沉陷,或对基础和上部结构进行处理	全部消除液化沉陷,或部分消除液化沉陷且对基础和上部结构进行处理	全部消除液化沉陷
C类	对基础和上部结构进行处理,也可不采取措施	对基础和上部结构进行处理,或更高要求的措施	全部消除液化沉陷,或部分消除液化沉陷且对基础和上部结构进行处理
D类	可不采取措施	可不采取措施	对基础和上部结构进行处理,或其他经济的措施

4.3.6 全部消除地基液化沉降的措施,应符合下列规定:

1 采用桩基时,桩端伸入液化深度以下稳定土层中的长度(不包括桩尖部分),应按计算确定。

2　采用深基础时，基础底面应埋入液化深度以下的稳定土层中，其深度不应小于1m。

3　采用加密法(如振冲、振动加密、挤密碎石桩、强夯等)加固时，应处理至液化深度下界，且处理后复合地基的标准贯入锤击数不宜小于按第4.3.3条确定的液化判别标准贯入锤击数临界值。

4　用非液化土替换全部液化土层。

5　采用加密法或换土法处理时，在基础边缘以外的处理宽度，应超过基础底面下处理深度的1/2且不小于基础宽度的1/5。

4.3.7　部分消除地基液化沉降的措施应符合下列规定：

1　处理深度应使处理后的地基液化指数减小，其值不宜大于5。

2　加固后复合地基的标准贯入锤击数不宜小于按第4.3.3条确定的液化判别标准贯入锤击数临界值。

3　基础边缘以外的处理宽度，应符合第4.3.6条第5款的规定。

4.3.8　减轻液化影响的基础和上部结构处理，可综合采用下列各项措施：

1　选择合适的基础埋置深度。

2　调整基础底面积，减少基础偏心。

3　加强基础的整体性和刚度。

4　减轻荷载，增强上部结构的整体刚度和均匀对称性，避免采用对不均匀沉降敏感的结构形式等。

4.3.9　当地基内有液化土层时，液化土层的承载力(包括桩侧摩阻力)、土抗力(地基系数)、内摩擦角和黏聚力等，可根据液化抵抗系数 C_e 予以折减。折减系数 α 应按表4.3.9采用。液化土层以下地基承载力的提高系数，应符合本细则第4.2节的规定；液化土层以上地基承载力不宜提高。在计算液化土层以下地基承载力时，应考虑其重力。

表4.3.9　土层液化影响折减系数 α

C_e	d_s(m)	α
$C_e \leqslant 0.6$	$d_s \leqslant 10$	0
	$10 < d_s \leqslant 20$	1/3
$0.6 < C_e \leqslant 0.8$	$d_s \leqslant 10$	1/3
	$10 < d_s \leqslant 20$	2/3
$0.8 < C_e \leqslant 1.0$	$d_s \leqslant 10$	2/3
	$10 < d_s \leqslant 20$	1

注：d_s-标准贯入点深度(m)。

$$C_e = \frac{N_1}{N_{cr}} \tag{4.3.9}$$

式中：C_e——液化抵抗系数；

N_1、N_{cr}——分别为实际标准贯入锤击数和标准贯入锤击数临界值。

5 地震作用

5.1 一般规定

5.1.1 各类桥梁结构的地震作用,应按下列原则考虑:

1 一般情况下,公路桥梁可只考虑水平向地震作用,直线桥可分别考虑顺桥向 X 和横桥向 Y 的地震作用。

2 抗震设防烈度为8度和9度的拱式结构、长悬臂桥梁结构和大跨度结构,以及竖向作用引起的地震效应很重要时,应同时考虑顺桥向 X、横桥向 Y 和竖向 Z 的地震作用。

3 地震作用分量组合。

采用反应谱法或功率谱法同时考虑三个正交方向(水平向 X、Y 和竖向 Z)的地震作用时,可分别单独计算 X 向地震作用产生的最大效应 E_X、Y 向地震作用产生的最大效应 E_Y 与 Z 向地震作用产生的最大效应 E_Z。总的设计最大地震作用效应 E 按下式求取:

$$E = \sqrt{E_X^2 + E_Y^2 + E_Z^2} \tag{5.1.1}$$

4 当采用时程分析法时,应同时输入三个方向分量的一组地震动时程计算地震作用效应。

5.1.2 地震作用可以用设计加速度反应谱、设计地震动时程和设计地震动功率谱表征。

5.1.3 A类桥梁、桥址抗震设防烈度为9度及9度以上的B类桥梁,应根据专门的工程场地地震安全性评价确定地震作用。桥址抗震设防烈度为8度的B类桥梁,宜根据专门的工程场地地震安全性评价确定地震作用。工程场地地震安全性评价应满足以下要求:

1 桥址存在地质不连续或地形特征可能造成各桥墩的地震动参数显著不同,以及桥梁一联总长超过600m时,宜考虑地震动的空间变化,包括波传播效应、失相干效应和不同塔墩基础的场地差异。对反应谱法或功率谱法应取场地包络反应谱或包络功率谱。

2 桥址距有发生6.5级以上地震潜在危险的地震活断层30km以内时,A类桥梁工程场地地震安全性评价应符合以下规定:考虑近断裂效应要包括上盘效应、破裂的方向性效应;注意设计加速度反应谱长周期段的可靠性;给出顺断层方向和垂直断层方向的地震动2个水平分量。B类桥梁工程场地地震安全性评价中,要选定适当的设定地震,考虑近断裂效应。

其他桥梁的地震作用,按本章以下各节的规定确定。

5.2 设计加速度反应谱

5.2.1 水平设计加速度反应谱。

阻尼比为0.05的水平设计加速度反应谱S(图5.2.1)由下式确定:

$$S=\begin{cases}S_{max}(5.5T+0.45) & T<0.1s\\ S_{max} & 0.1s\leqslant T\leqslant T_g\\ S_{max}(T_g/T) & T>T_g\end{cases} \qquad (5.2.1)$$

式中:T_g——特征周期(s);

T——结构自振周期(s);

S_{max}——水平设计加速度反应谱最大值。

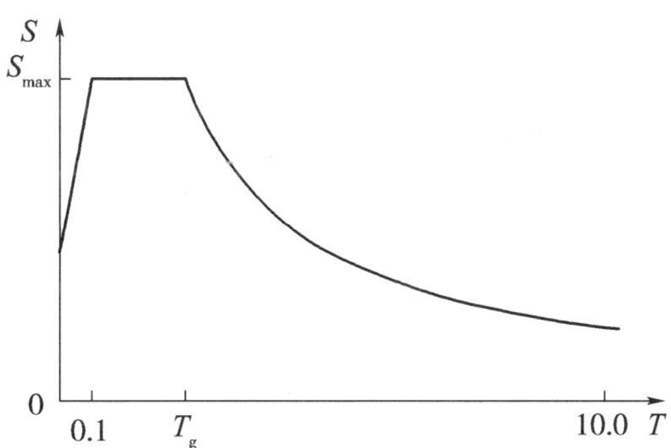

图5.2.1 水平设计加速度反应谱

5.2.2 水平设计加速度反应谱最大值S_{max}由下式确定:

$$S_{max}=2.25C_iC_sC_dA \qquad (5.2.2)$$

式中:C_i——抗震重要性系数,按表3.1.4-2取值;

C_s——场地系数,按表5.2.2取值;

C_d——阻尼调整系数,按第5.2.4条确定;

A——水平向设计基本地震动加速度峰值,按表3.2.2取值。

表5.2.2 场地系数C_s

场地类型 \ 抗震设防烈度	6	7		8		9
	0.05g	0.1g	0.15g	0.2g	0.3g	0.4g
I	1.2	1.0	0.9	0.9	0.9	0.9
II	1.0	1.0	1.0	1.0	1.0	1.0
III	1.1	1.3	1.2	1.2	1.0	1.0
IV	1.2	1.4	1.3	1.3	1.0	0.9

5.2.3 特征周期T_g按桥址位置在《中国地震动反应谱特征周期区划图》上查取,根据场地类别,按表5.2.3取值。

表5.2.3 设计加速度反应谱特征周期调整表

区划图上的特征周期(s)	场地类型划分			
	I	II	III	IV
0.35	0.25	0.35	0.45	0.65
0.40	0.30	0.40	0.55	0.75
0.45	0.35	0.45	0.65	0.90

注:本表引自《中国地震动参数区划图》(GB 18306—2001)中的表C1。

5.2.4 阻尼调整系数,除有专门规定外,结构的阻尼比 ξ 应取值0.05,式(5.2.2)中的阻尼调整系数 C_d 取值1.0。当结构的阻尼比按有关规定取值不等于0.05时,阻尼调整系数 C_d 应按下式取值。

$$C_d = 1 + \frac{0.05 - \xi}{0.06 + 1.7\xi} \geq 0.55 \tag{5.2.4}$$

5.2.5 竖向设计加速度反应谱。

竖向设计加速度反应谱由水平向设计加速度反应谱乘以下式给出的竖向/水平向谱比函数 R。

基岩场地:

$$R = 0.65 \tag{5.2.5-1}$$

土层场地:

$$R = \begin{cases} 1.0 & T < 0.1\text{s} \\ 1.0 - 2.5(T - 0.1) & 0.1\text{s} \leq T < 0.3\text{s} \\ 0.5 & T \geq 0.3\text{s} \end{cases} \tag{5.2.5-2}$$

式中:T——结构自振周期(s)。

5.3 设计地震动时程

5.3.1 已作地震安全性评价的桥址,设计地震动时程应根据专门的工程场地地震安全性评价的结果确定。

5.3.2 未作地震安全性评价的桥址,可根据本细则设计加速度反应谱,合成与其兼容的设计加速度时程;也可选用与设定地震震级、距离大体相近的实际地震动加速度记录,通过时域方法调整,使其反应谱与本细则设计加速度反应谱兼容。

为考虑地震动的随机性,设计加速度时程不得少于三组,且应保证任意两组间同方向时程由式(5.3.2)定义的相关系数 ρ 的绝对值小于0.1。

$$|\rho| = \left| \frac{\sum_j a_{1j} \cdot a_{2j}}{\sqrt{\sum_j a_{1j}^2} \cdot \sqrt{\sum_j a_{2j}^2}} \right| \tag{5.3.2}$$

5.4 设计地震动功率谱

5.4.1 已作地震安全性评价的桥址,设计地震动功率谱要根据专门的工程场地地震安全性评价的结果确定。

5.4.2 未作地震安全性评价的桥址,可根据设计地震震级、距离,选用适当的衰减关系

推算;或根据设计加速度反应谱按下式估算(单边功率谱):

$$S_{a}(\omega)=\frac{T\xi}{\pi^{2}}\frac{S^{2}}{\ln\left[\left(-\frac{T}{2t_{d}}\ln p\right)^{-1}\right]} \tag{5.4.2}$$

式中:S——设计加速度反应谱值;

p——不超越概率,取0.5;

t_d——地震持续时间(s);

ξ——阻尼比;

T——周期(s),$T=2\pi/\omega$;

ω——圆频率(rad/s)。

5.5 地震主动土压力和动水压力

5.5.1 E1地震作用抗震设计阶段,应考虑地震时动水压力和主动土压力的影响,在E2地震作用抗震设计阶段,一般不需考虑。

5.5.2 地震土压力按附录D规定计算。桥台后填土无黏性时,地震时作用于桥台台背的主动土压力也可按下列简化公式计算:

$$E_{ea}=\frac{1}{2}\gamma H^{2}K_{A}\left(1+\frac{3C_{i}A}{g}\tan\varphi\right) \tag{5.5.2-1}$$

式中:E_{ea}——地震时作用于台背每延米长度上的主动土压力(kN/m),其作用点位于距台底0.4H处;

γ——土的重度(kN/m³);

H——台身高度(m);

K_A——非地震条件下作用于台背的主动土压力系数,按下式计算:

$$K_{A}=\frac{\cos^{2}\varphi}{(1+\sin\varphi)^{2}} \tag{5.5.2-2}$$

φ——台背土的内摩擦角(°);

C_i——抗震重要性系数。

当判定桥台地表以下10m内有液化土层或软土层时,桥台基础应穿过液化土层或软土层;当液化土层或软土层超过10m时,桥台基础应埋深至地表以下10m处。其作用于桥台台背的主动土压力应按下式计算:

$$E_{ea}=\frac{1}{2}\gamma H^{2}(K_{A}+2C_{i}A/g) \tag{5.5.2-3}$$

式中符号意义同式(5.5.2-1)。

抗震设防烈度为9度地区的液化区,桥台宜采用桩基。其作用于台背的主动土压力可按式(5.5.2-3)计算。

5.5.3 地震时作用于桥墩上的地震动水压力应分别按下列各式进行计算:

1 $\frac{b}{h} \leqslant 2.0$ 时

$$E_w = 0.15\left(1 - \frac{b}{4h}\right) C_i A \xi_h \gamma_w b^2 h / g \tag{5.5.3-1}$$

2 $2.0 < \frac{b}{h} \leqslant 3.1$ 时

$$E_w = 0.075 C_i A \xi_h \gamma_w b^2 h / g \tag{5.5.3-2}$$

3 $\frac{b}{h} > 3.1$ 时

$$E_w = 0.24 C_i A \gamma_w b^2 h / g \tag{5.5.3-3}$$

式中:E_w——地震时在 $h/2$ 处作用于桥墩的总动水压力(kN);

ξ_h——断面形状系数,矩形墩取 $\xi_h = 1$;圆形墩取 $\xi_h = 0.8$;圆端形墩顺桥向取 $\xi_h = 0.9 \sim 1.0$,横桥向取 $\xi_h = 0.8$;

γ_w——水的重度(kN/m^3);

h——从一般冲刷线算起的水深(m);

b——桥墩宽度(m),可取 $h/2$ 处的截面宽度,矩形墩取长边边长;圆形墩取直径。

6 抗震分析

6.1 一般规定

6.1.1 本章适用于单跨跨径不超过150m的混凝土梁桥、圬工或混凝土拱桥等常规桥梁的抗震分析，对于墩高超过40m，墩身第一阶振型有效质量低于60%，且结构进入塑性的高墩桥梁应作专项研究。

6.1.2 常规桥梁抗震设计流程可参见图6.1.2-1和图6.1.2-2。

6.1.3 根据在地震作用下动力响应特性的复杂程度，常规桥梁分为规则桥梁和非规则桥梁两类。表6.1.3限定范围内的梁桥属于规则桥梁，不在此表限定范围内的梁桥属于非规则桥梁，拱桥为非规则桥梁。

表6.1.3 规则桥梁的定义

参　　数	参 数 值				
单跨最大跨径	≤90m				
墩高	≤30m				
单墩高度与直径或宽度比	大于2.5且小于10				
跨数	2	3	4	5	6
曲线桥梁圆心角 φ 及半径 R	单跨 $\varphi<30°$ 且一联累计 $\varphi<90°$，同时曲梁半径 $R\geqslant 20b$（b 为桥宽）				
跨与跨间最大跨长比	3	2	2	1.5	1.5
轴压比	<0.3				
跨与跨间桥墩最大刚度比	—	4	4	3	2
支座类型	普通板式橡胶支座、盆式支座（铰接约束）等。使用滑板支座、减隔震支座等属于非规则桥梁				
下部结构类型	桥墩为单柱墩、双柱框架墩、多柱排架墩				
地基条件	不易液化、侧向滑移或易冲刷的场地，远离断层				

6.1.4 根据第6.1.3条的规则桥梁和非规则桥梁分类，各类桥梁的抗震分析计算方法可参见表6.1.4。

表6.1.4 桥梁抗震分析可采用的计算方法

桥梁分类 / 地震作用	B类		C类		D类	
	规则	非规则	规则	非规则	规则	非规则
E1	SM/MM	MM/TH	SM/MM	MM/TH	SM/MM	MM
E2	SM/MM	TH	SM/MM	TH	—	—

注：TH-线性或非线性时程计算方法；SM-单振型反应谱或功率谱方法；MM-多振型反应谱或功率谱方法。

6.1.5 地震作用下,桥台台身地震惯性力可按静力法计算。

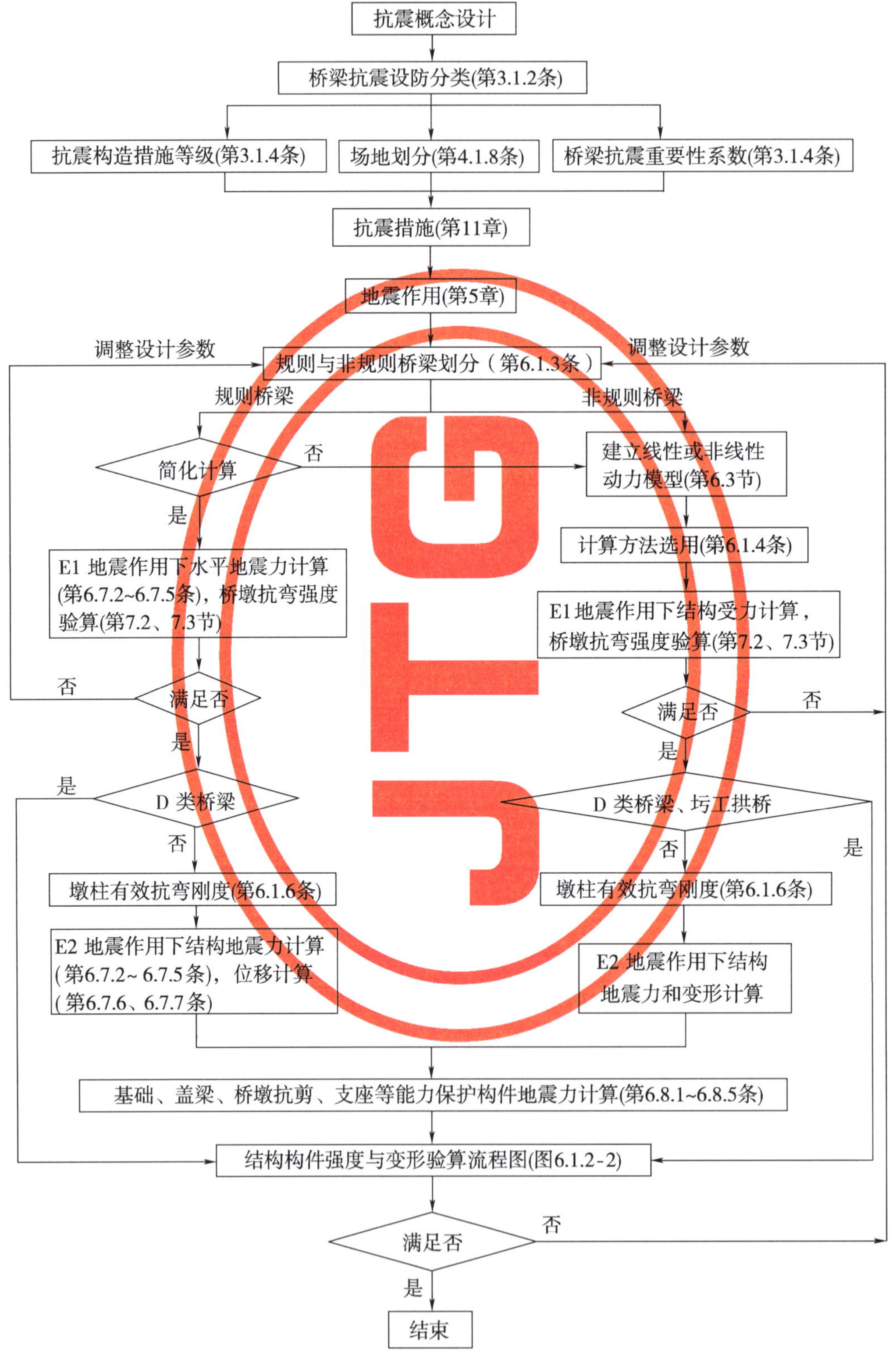

图 6.1.2-1 7 度及 7 度以上地区常规桥梁总体设计流程

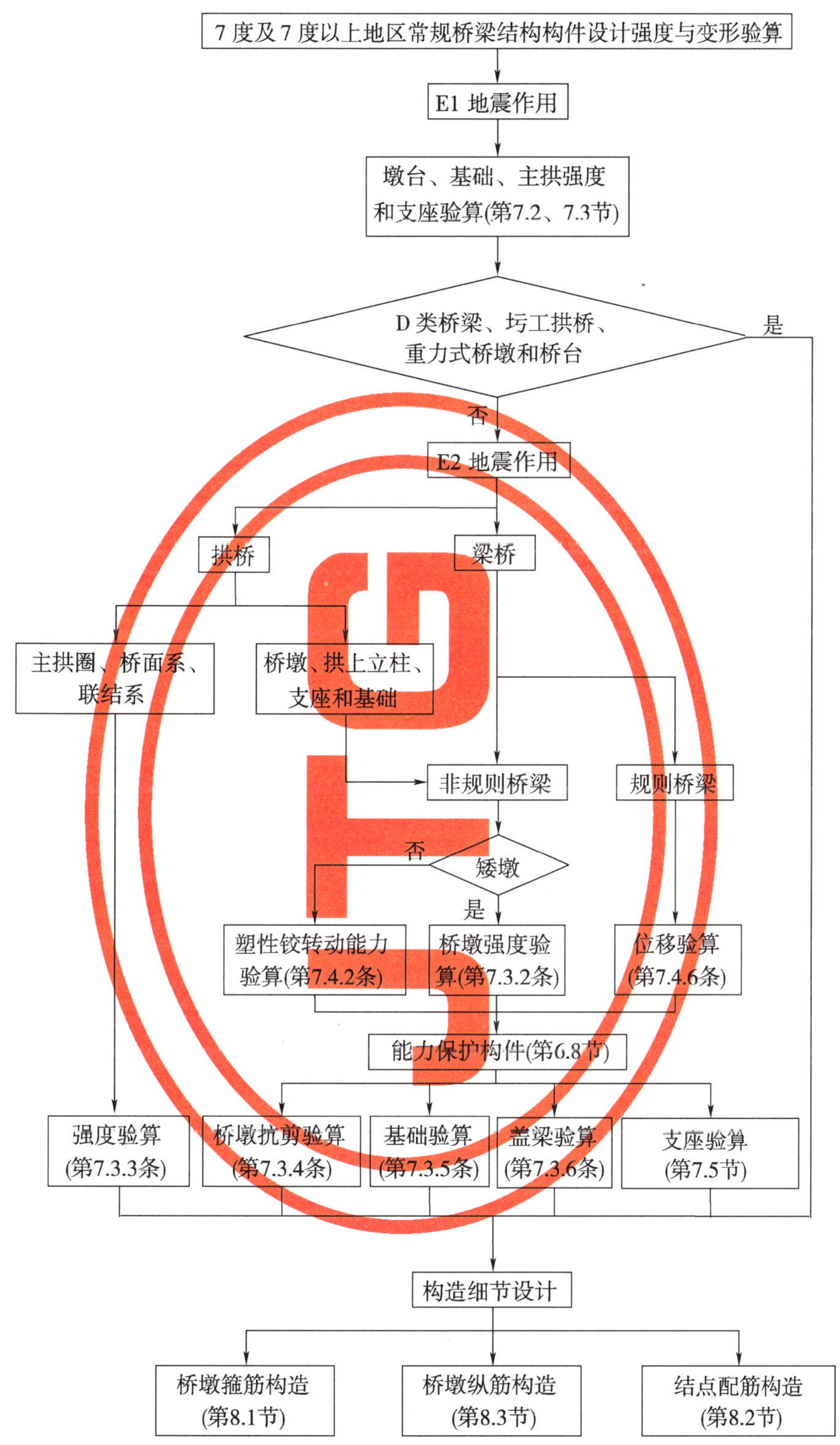

图 6.1.2-2　7 度及 7 度以上地区常规桥梁结构构件抗震设计流程

6.1.6　在进行桥梁抗震分析时，E1 地震作用下，常规桥梁的所有构件抗弯刚度均按毛截面计算；E2 地震作用下，延性构件的有效截面抗弯刚度应按式（6.1.6）计算，但其他构件抗弯刚度仍按毛截面计算。

$$E_c \times I_{eff} = \frac{M_y}{\phi_y} \tag{6.1.6}$$

式中:E_c——桥墩的弹性模量(kN/m^2);

I_{eff}——桥墩有效截面抗弯惯性矩(m^4);

M_y——屈服弯矩(kN·m);

ϕ_y——等效屈服曲率(1/m),可参见第7.4.4条。

6.1.7 D类桥梁、圬工拱桥、重力式桥墩和桥台,可只进行E1地震作用下结构的地震反应分析。

6.1.8 对于上部结构连续的桥梁,各桥墩高度宜尽可能相近。相邻桥墩高度相差较大导致刚度相差较大的情况,宜在刚度较大的桥墩处设置活动支座或板式橡胶支座。

6.1.9 不宜在梁桥的矮墩设置固定支座,矮墩宜设置活动支座或板式橡胶支座。

6.1.10 在高烈度区,宜尽量避免采用对抗震不利的桥型。

6.2 梁桥延性抗震设计

6.2.1 钢筋混凝土墩柱桥梁,抗震设计时,墩柱宜作为延性构件设计。桥梁基础、盖梁、梁体和结点宜作为能力保护构件。墩柱的抗剪强度宜按能力保护原则设计。

6.2.2 沿顺桥向,连续梁桥、简支梁桥墩柱的底部区域,连续刚构桥墩柱的端部区域为塑性铰区域;沿横桥向,单柱墩的底部区域、双柱墩或多柱墩的端部区域为塑性铰区域。典型墩柱塑性铰区域见图6.2.2。

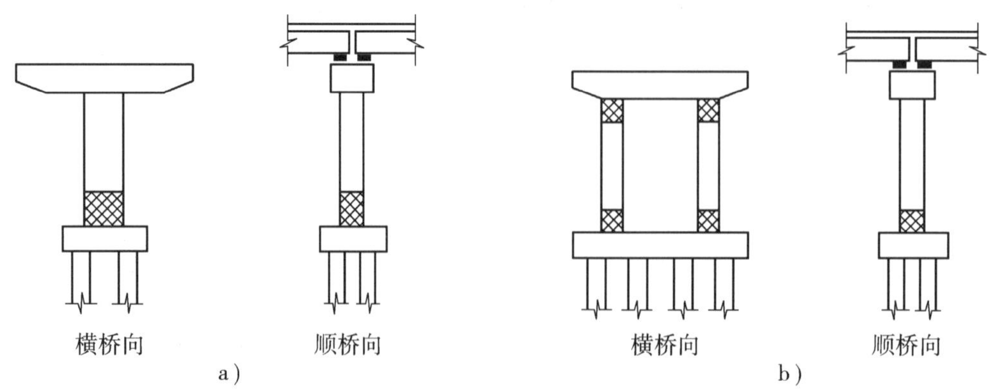

图6.2.2 墩柱塑性铰区域

a)单柱墩;b)双柱墩

注:图中▨代表塑性铰区域。

6.2.3 盖梁、基础的设计弯矩和设计剪力值按能力保护原则计算时，应为与墩柱的极限弯矩（考虑超强系数）所对应的弯矩、剪力值；在计算盖梁、结点的设计弯矩、设计剪力值时，应考虑所有潜在塑性铰位置以确定最大设计弯矩和剪力。

6.2.4 墩柱的设计剪力值按能力保护原则计算时，应为与墩柱的极限弯矩（考虑超强系数）所对应的剪力；在计算设计剪力值时，应考虑所有潜在塑性铰位置以确定最大的设计剪力值。

6.3 建模原则

6.3.1 在 E1 和 E2 地震作用下，一般情况下应首先建立桥梁结构的空间动力计算模型。计算模型应反映实际桥梁结构的动力特性。

6.3.2 桥梁结构动力计算模型应能正确反映桥梁上部结构、下部结构、支座和地基的刚度、质量分布及阻尼特性，从而保证在 E1 和 E2 地震作用下引起的惯性力和主要振型能得到反映。一般情况下，桥梁结构的动力计算模型应满足下列要求：

1 计算模型中的梁体和墩柱可采用空间杆系单元模拟，单元质量可采用集中质量代表；墩柱和梁体的单元划分应反映结构的实际动力特性。

2 支座单元应反映支座的力学特性。

3 混凝土结构的阻尼比可取为 0.05；进行时程分析时，可采用瑞利阻尼。

4 计算模型应考虑相邻结构和边界条件的影响。

6.3.3 在 E1 地震作用下，宜采用总体空间模型计算桥梁的地震反应；在 E2 地震作用下，可采用局部空间模型计算。总体和局部空间模型应满足以下要求：

1 总体空间模型宜包括所有桥梁结构及其连接方式，通过对总体空间模型的分析，确定结构的空间耦联地震反应特性和地震最不利输入方向。

2 局部空间模型应根据总体模型的计算结果，取出部分桥梁结构进行计算，局部模型应考虑相邻结构和边界条件的影响。

6.3.4 规则桥梁可按本细则第 6.7 节的要求选用简化计算模型。

6.3.5 进行直线桥梁地震反应分析时，可分别考虑沿顺桥向和横桥向两个水平方向地震输入；进行曲线桥梁地震反应分析时，可分别沿相邻两桥墩连线方向和垂直于连线水平方向进行多方向地震输入[用曲梁单元时，只需计算一联两端连线（割线）和垂直割线方向的地震输入]，以确定最不利地震水平输入方向。

6.3.6 进行非线性时程分析时，墩柱可采用钢筋混凝土弹塑性空间梁柱单元。

6.3.7 抗震分析时应考虑支座的影响。板式橡胶支座可用线性弹簧单元模拟;活动盆式支座可用双线性理想弹塑性弹簧单元模拟,其恢复力模型见图 6.3.7。板式橡胶支座的剪切刚度按式(6.3.7-1)计算;活动盆式支座的临界滑动摩擦力按式(6.3.7-2)计算。

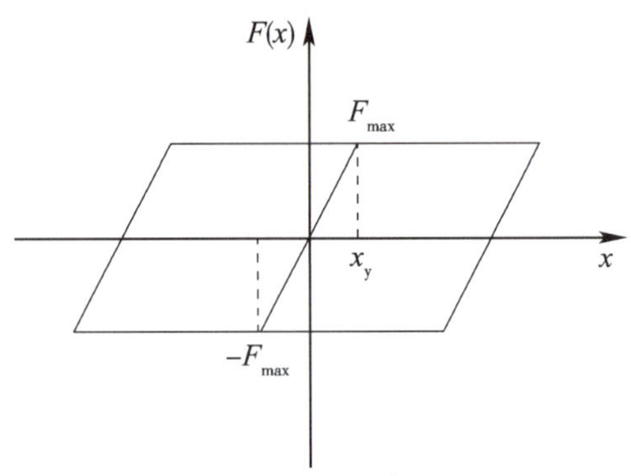

图 6.3.7 活动盆式支座恢复力模型

1 板式橡胶支座剪切刚度 k(kN/m):

$$k=\frac{G_d A_r}{\sum t} \tag{6.3.7-1}$$

式中:G_d——板式橡胶支座的动剪切模量(kN/m²),一般取 1 200kN/m²;

A_r——橡胶支座的剪切面积(m²);

$\sum t$——橡胶层的总厚度(m)。

2 活动盆式支座临界滑动摩擦力 F_{max}(kN):

$$F_{max}=\mu_d R \tag{6.3.7-2}$$

初始刚度为:

$$k=\frac{F_{max}}{x_y} \tag{6.3.7-3}$$

式中:μ_d——滑动摩擦系数,一般取 0.02;

R——支座所承担的上部结构重力(kN);

x_y——活动盆式支座屈服位移(m),一般取 0.002 ~0.005m。

6.3.8 建立桥梁抗震分析模型应考虑桩土的共同作用,桩土的共同作用可用等代土弹簧模拟,等代土弹簧的刚度可采用表征土介质弹性值的 m 参数来计算。

6.3.9 墩柱的计算长度与矩形截面短边尺寸之比大于 8 时,或墩柱的计算长度与圆形截面直径之比大于 6 时,应考虑 P-Δ 效应。

6.4 反应谱法

6.4.1 反应谱法包括单振型反应谱法和多振型反应谱法。单振型反应谱法和多振型反应谱法的选用可参见表 6.1.4。规则桥梁的抗震计算可采用本细则第 6.7 节给出的计算方法。

6.4.2 采用反应谱法计算时,反应谱应按本细则第 5.2.1 条规定确定。

6.4.3 用多振型反应谱法计算时,所考虑的振型阶数应在计算方向获得 90% 以上的有效质量。地震作用效应应按下列规定计算:

1　单一方向的地震作用效应(内力、位移),一般可采用 SRSS 方法,按式(6.4.3-1)确定:

$$F = \sqrt{\sum S_{\mathrm{i}}^{2}} \tag{6.4.3-1}$$

式中:F——结构的地震作用效应;

S_{i}——结构第 i 阶振型地震作用效应。

2　当结构相邻两阶振型的自振周期 T_{i} 和 T_{j}($T_{\mathrm{j}} \leqslant T_{\mathrm{i}}$)接近时,即 T_{i} 和 T_{j} 之比 ρ_{T} 满足式(6.4.3-2),应采用 CQC 方法按式(6.4.3-3)计算地震作用效应。

$$\rho_{\mathrm{T}} = \frac{T_{\mathrm{j}}}{T_{\mathrm{i}}} \geqslant \frac{0.1}{0.1 + \xi} \tag{6.4.3-2}$$

式中:ξ——阻尼比;

ρ_{T}——周期比。

$$F = \sqrt{\sum \sum S_{\mathrm{i}} r_{\mathrm{ij}} S_{\mathrm{j}}} \tag{6.4.3-3}$$

式中:r_{ij}——相关系数,按式(6.4.3-4)确定;

$$r_{\mathrm{ij}} = \frac{8\xi^{2}(1 + \rho_{\mathrm{T}})\rho_{\mathrm{T}}^{3/2}}{(1 + \rho_{\mathrm{T}}^{2})^{2} + 4\xi^{2}\rho_{\mathrm{T}}(1 + \rho_{\mathrm{T}})^{2}} \tag{6.4.3-4}$$

式中符号意义同式(6.4.3-2)。

6.5　时程分析方法

6.5.1　地震加速度时程应按本细则第 5.3 节的规定选取。

6.5.2　时程分析的最终结果,当采用 3 组时程波计算时,应取 3 组计算结果的最大值;当采用 7 组时程波计算时,可取 7 组计算结果的平均值。

6.5.3　在 E1 地震作用下,线性时程法的计算结果不应小于反应谱法计算结果的 80%。

6.6　功率谱法

6.6.1　适用反应谱法计算的结构,一般也可用功率谱法计算。两种方法可作相互检验,功率法计算结果与反应谱法计算结果相差不应超过 20%。

6.6.2　当不考虑地震动输入的空间变化效应时,结构响应的自功率谱可按附录 C.1 计算;当考虑行波效应时,结构响应的自功率谱可按附录 C.2 计算。

6.6.3　结构响应的期望极值可根据其自功率谱 $S_{\mathrm{y}}(\omega)$ 按附录 C.3 计算。

6.7 规则桥梁计算

6.7.1 规则桥梁水平地震力的计算,采用反应谱方法计算时,分析模型中应考虑上部结构、支座、桥墩及基础等刚度的影响。

6.7.2 在地震作用下,规则桥梁重力式桥墩顺桥向和横桥向的水平地震力,采用反应谱方法计算时,可按下列公式计算。其结构计算简图如图6.7.2-1所示。

$$E_{ihp}=S_{h1}\gamma_1 X_{1i}G_i/g \tag{6.7.2-1}$$

式中:E_{ihp}——作用于桥墩质点 i 的水平地震力(kN);

S_{h1}——相应水平方向的加速度反应谱值,根据桥梁结构基本周期按第5.2.1条和第5.2.2条确定,桥梁结构基本周期可按附录A简化计算;

γ_1——桥墩顺桥向或横桥向的基本振型参与系数;

$$\gamma_1=\frac{\sum_{i=0}^{n}X_{1i}G_i}{\sum_{i=0}^{n}X_{1i}^2G_i} \tag{6.7.2-2}$$

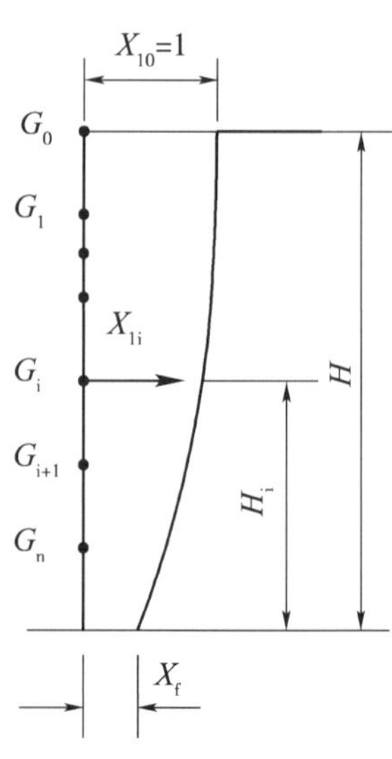

图6.7.2-1 结构计算简图

X_{1i}——桥墩基本振型在第 i 分段重心处的相对水平位移,对于实体桥墩,当 $H/B>5$ 时,$X_{1i}=X_f+\frac{1-X_f}{H}H_i$(一般适用于顺桥向);当 $H/B<5$ 时,$X_{1i}=X_f+\left(\frac{H_i}{H}\right)^{1/3}(1-X_f)$(一般适用于横桥向);

X_f——考虑地基变形时,顺桥向作用于支座顶面或横桥向作用于上部结构质量重心上的单位水平力在一般冲刷线或基础顶面引起的水平位移与支座顶面或上部结构质量重心处的水平位移之比值;

H_i——一般冲刷线或基础顶面至墩身各分段重心处的垂直距离(m);

H——桥墩计算高度,即一般冲刷线或基础顶面至支座顶面或上部结构质量重心的垂直距离(m);

B——顺桥向或横桥向的墩身最大宽度(m)(图6.7.2-2);

$G_{i=0}$——桥梁上部结构重力(kN),对于简支梁桥,计算顺桥向地震力时为相应于墩顶固定支座的一孔梁的重力;计算横桥向地震力时为相邻两孔梁重力的一半;

$G_{i=1,2,3\cdots}$——桥墩墩身各分段的重力(kN)。

6.7.3 规则桥梁的柱式墩,采用反应谱法计算时,其顺桥向水平地震力可采用下列简化公式计算。其计算简图如图6.7.3所示。

$$E_{htp}=S_{h1}C_t/g \tag{6.7.3}$$

式中：E_{htp}——作用于支座顶面处的水平地震力(kN)；

G_t——支座顶面处的换算质点重力(kN)；

$$G_t = G_{sp} + G_{cp} + \eta G_p$$

G_{sp}——桥梁上部结构的重力(kN)，对于简支梁桥，为相应于墩顶固定支座的一孔梁的重力；

G_{cp}——盖梁的重力(kN)；

G_p——墩身重力(kN)，对于扩大基础，为基础顶面以上墩身的重力；对于桩基础，为一般冲刷线以上墩身的重力；

η——墩身重力换算系数；

$$\eta = 0.16(X_f^2 \times 2X_{f\frac{1}{2}}^2 + X_f X_{f\frac{1}{2}} + X_{f\frac{1}{2}} + 1)$$

$X_{f\frac{1}{2}}$——考虑地基变形时，顺桥向作用于支座顶面上的单位水平力在墩身计算高度 $H/2$ 处引起的水平位移与支座顶面处的水平位移之比值；

X_f 的意义同式(6.7.2-1)。

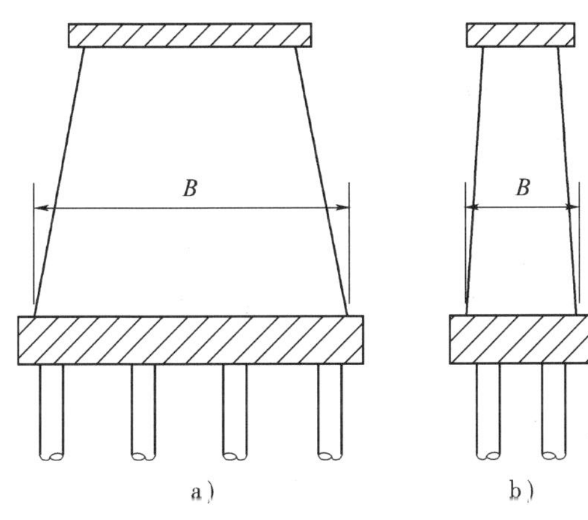

图 6.7.2-2　墩身最大宽度 B

a)横桥向；b)顺桥向

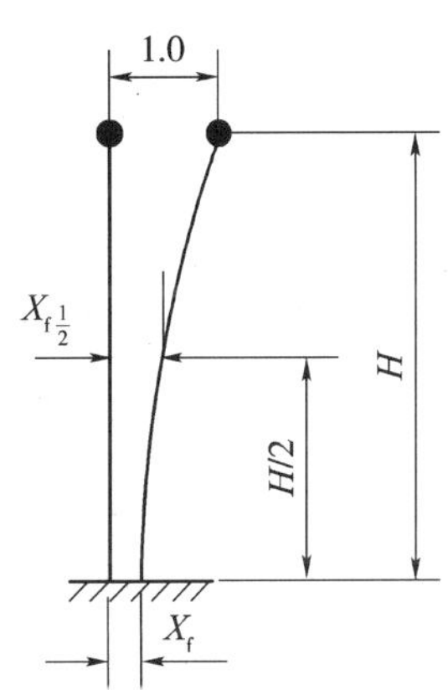

图 6.7.3　柱式墩计算简图

6.7.4　采用板式橡胶支座的规则桥梁，用反应谱法计算时，其顺桥向水平地震力一般应分别按下列情况计算。

1　全联均采用板式橡胶支座的连续梁桥或桥面连续、顺桥向具有足够强度的抗震联结措施(即顺桥向联结措施的强度大于支座抗剪极限强度)的简支梁，其水平地震力可按下述简化方法计算：

1)上部结构对板式橡胶支座顶面处产生的水平地震力

$$E_{ihs} = \frac{k_{itp}}{\sum_{i=1}^{n} k_{itp}} S_{h1} G_{sp}/g \tag{6.7.4-1}$$

式中：E_{ihs}——上部结构对第 i 号墩板式橡胶支座顶面处产生的水平地震力(kN)；

k_{itp}——第 i 号墩组合抗推刚度(kN/m)，$k_{itp} = \dfrac{k_{is}k_{ip}}{k_{is} + k_{ip}}$；

k_{is}——第 i 号墩板式橡胶支座抗推刚度(kN/m),$k_{is}=\sum_{j=1}^{n_s}\frac{G_d A_r}{\sum t}$;

n_s——第 i 号墩上板式橡胶支座数量;

G_d——板式橡胶支座动剪切模量(kN/m²),一般取 1 200kN/m²;

A_r——板式橡胶支座面积(m²);

$\sum t$——板式橡胶支座橡胶层总厚度(m);

n——相应于一联上部结构的桥墩个数;

k_{ip}——第 i 号桥墩墩顶抗推刚度(kN/m);

G_{sp}——一联上部结构的总重力(kN)。

2)墩身水平地震力

(1)实体墩由墩身自重在墩身质点 i 的水平地震力

$$E_{ihp}=S_{h1}\gamma_1 X_{1i}G_i/g \tag{6.7.4-2}$$

式中符号意义同式(6.7.2-1)。

(2)柱式墩由墩身自重在板式橡胶支座顶面产生的水平地震力

$$E_{hp}=S_{h1}G_{tp}/g \tag{6.7.4-3}$$

式中:G_{tp}——桥墩对板式橡胶支座顶面处的换算质点重力(kN);

$$G_{tp}=G_{cp}+\eta G_p$$

其他符号意义同式(6.7.3)。

2　采用板式橡胶支座的多跨简支梁桥,对刚性墩可按单墩单梁计算;对柔性墩应考虑支座与上、下部结构的耦联作用(一般情况下可考虑 3～5 孔),按图 6.7.4 进行计算。

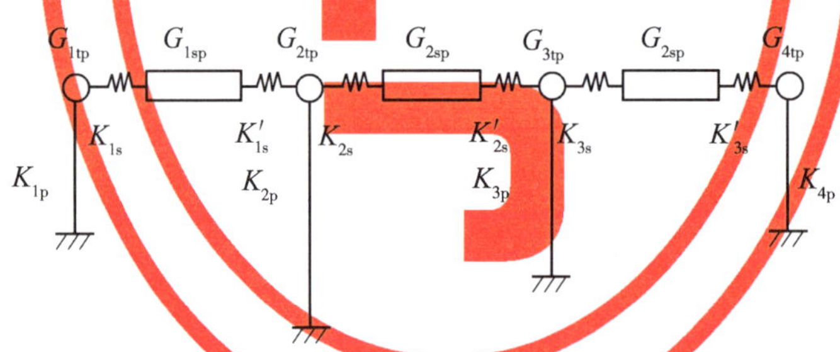

图 6.7.4　板式橡胶支座简支梁桥计算简图

6.7.5　采用板式橡胶支座的规则简支梁桥和连续梁桥,当横桥向设置有限制横桥向位移的抗震措施时,桥墩横桥向水平地震力可按式(6.7.2-1)计算。

6.7.6　在 E2 地震作用下,可按下式计算墩顶的顺桥向和横桥向水平位移 Δ_d:

$$\Delta_d=c\delta \tag{6.7.6}$$

式中:δ——在 E2 地震作用下,采用截面有效刚度计算的墩顶水平位移;

c——考虑结构周期的调整系数,按表 6.7.6 取值。

表 6.7.6　调整系数 c

结构周期	c
$T\leqslant 0.1$s	1.5
$T\geqslant T_g$	1.0
1.0s $<T<T_g$ 时	按线性插值求得

注:T-结构的自振周期;T_g-特征周期,可参见表 5.2.3。

6.7.7 采用非线性时程方法计算规则桥梁的变形和内力时,可参照本细则第6.5节的有关条文。

6.8 能力保护构件计算

6.8.1 在E2地震作用下,如结构未进入塑性工作范围,桥梁墩柱的剪力设计值、桥梁基础和盖梁的内力设计值可用E2地震作用的计算结果。

6.8.2 延性墩柱沿顺桥向和横桥向剪力设计值 V_{c0} 可按下列规定计算:

1 延性墩柱沿顺桥向剪力设计值 V_{c0}

1)延性墩柱的底部区域为潜在塑性铰区域

$$V_{c0}=\phi^{0}\frac{M_{zc}^{x}}{H_{n}} \tag{6.8.2-1}$$

2)延性墩柱的顶、底部区域均为潜在塑性铰区域

$$V_{c0}=\phi^{0}\frac{M_{zc}^{x}+M_{zc}^{s}}{H_{n}} \tag{6.8.2-2}$$

2 延性墩柱沿横桥向剪力设计值

1)延性墩柱的底部区域为潜在塑性铰区域

$$V_{c0}=\phi^{0}\frac{M_{hc}^{x}}{H_{n}} \tag{6.8.2-3}$$

2)延性墩柱的顶、底部区域均为潜在塑性铰区域

$$V_{c0}=\phi^{0}\frac{M_{hc}^{x}+M_{hc}^{s}}{H_{n}} \tag{6.8.2-4}$$

式中:M_{zc}^{s}、M_{zc}^{x}——墩柱上、下端截面按实配钢筋,采用材料强度标准值和最不利轴力计算的沿顺桥向正截面抗弯承载力所对应的弯矩值(kN·m);

M_{hc}^{s}、M_{hc}^{x}——墩柱上、下端截面按实配钢筋,采用材料强度标准值和最不利轴力计算的沿横桥向正截面抗弯承载力所对应的弯矩值(kN·m);

H_{n}——一般取为墩柱的净长度,但是对于单柱墩横桥向计算时应取梁体截面形心到墩柱底截面的垂直距离(m);

ϕ^{0}——桥墩正截面抗弯承载能力超强系数,$\phi^{0}=1.2$。

6.8.3 延性桥墩盖梁的弯矩设计值 M_{p0},可按下式计算:

$$M_{p0}=\phi^{0}M_{hc}^{s}+M_{G} \tag{6.8.3}$$

式中:M_{G}——由结构重力产生的弯矩(kN·m);

其他符号意义同式(6.8.2-4)。

6.8.4 延性桥墩盖梁的剪力设计值 V_{c0} 可按下式计算:

$$V_{c0}=\phi^{0}\frac{M_{pc}^{R}+M_{pc}^{L}}{L_{0}} \tag{6.8.4}$$

式中：M_{pc}^{L}、M_{pc}^{R}——盖梁左、右端截面按实配钢筋，采用材料强度标准值计算的正截面抗弯承载力所对应的弯矩值(kN · m)；

L_0——盖梁的净跨度(m)。

6.8.5 梁桥基础沿顺桥向、横桥向的弯矩、剪力和轴力设计值应根据墩柱底部可能出现塑性铰处沿顺桥向、横桥向的弯矩承载力(考虑超强系数 ϕ^0)、剪力设计值和墩柱最不利轴力来计算。

6.9 桥台

6.9.1 桥台的水平地震力可按下式计算：

$$E_{hau}=C_{i}C_{s}C_{d}AG_{au}/g \tag{6.9.1}$$

式中：C_i、C_s、C_d——分别为抗震重要性系数、场地系数和阻尼调整系数，分别按表3.1.4-2、表5.2.2、式(5.2.4)取值；

A——水平向设计基本地震动加速度峰值，按表3.2.2取值；

E_{hau}——作用于台身重心处的水平地震作用力(kN)；

G_{au}——基础顶面以上台身的重力(kN)。

1 对于修建在基岩上的桥台，其水平地震力可按式(6.9.1)计算值的80%采用。

2 验算设有固定支座的梁桥桥台时，还应计入由上部结构所产生的水平地震力，其值按式(6.9.1)计算，但 G_{au} 取一孔梁的重力。

6.9.2 作用在桥台上的主动土压力和动水压力按本细则第5.5节计算。

7 强度与变形验算

7.1 一般规定

7.1.1 在E1地震作用下,结构在弹性范围内工作,基本不损伤;在E2地震作用下,延性构件(墩柱)可发生损伤,产生弹塑性变形,耗散地震能量,但延性构件(墩柱)的塑性铰区域应具有足够的塑性变形能力。

7.1.2 梁桥基础、盖梁、梁体以及墩柱的抗剪按能力保护原则设计,在E2地震作用下基本不发生损伤。

7.1.3 在E2地震作用下,混凝土拱桥的主拱圈和基础基本不发生损伤;对系杆拱桥,其桥墩、支座和基础的抗震性能可按梁桥的要求进行抗震设计。

7.1.4 对于D类桥梁、圬工拱桥、重力式桥墩和桥台,可只进行E1地震作用下结构的强度验算。

7.2 D类桥梁、圬工拱桥、重力式桥墩和桥台强度验算

7.2.1 顺桥向和横桥向E1地震作用效应和永久作用效应组合后,应按现行公路桥涵设计规范相关规定验算重力式桥墩、桥台、圬工拱桥主拱及基础的强度、偏心、稳定性。

7.2.2 顺桥向和横桥向E1地震作用效应和永久作用效应组合后,应按现行公路桥涵设计规范相关规定验算D类桥梁桥墩、盖梁和基础的强度。

7.2.3 D类桥梁和重力式桥墩桥梁支座抗震能力可按以下方法验算。

1 板式橡胶支座的抗震验算

1)支座厚度验算

$$\sum t \geqslant \frac{X_{\mathrm{E}}}{\tan\gamma} = X_{\mathrm{E}} \tag{7.2.3-1}$$

$$X_{\mathrm{E}} = \alpha_{\mathrm{d}} X_{\mathrm{D}} + X_{\mathrm{H}} \tag{7.2.3-2}$$

式中:$\sum t$——橡胶层的总厚度(m);

$\tan\gamma$——橡胶片剪切角正切值,取 $\tan\gamma=1.0$;

X_D——在 E1 地震作用下,支座顶面相对于底面的水平位移(m);

X_H——永久作用产生的支座顶面相对于底面的水平位移(m);

α_d——支座调整系数,一般取 2.3。

2)支座抗滑稳定性验算

$$\mu_d R_b \geqslant E_{hzh} \tag{7.2.3-3}$$

$$E_{hzh}=\alpha_d E_{hze}+E_{hzd} \tag{7.2.3-4}$$

式中:μ_d——支座的动摩阻系数;橡胶支座与混凝土表面的动摩阻系数采用 0.15,与钢板的动摩阻系数采用 0.10;

E_{hzh}——支座水平组合地震力(kN);

R_b——上部结构重力在支座上产生的反力(kN);

E_{hze}——在 E1 地震作用下,橡胶支座的水平地震力(kN);

E_{hzd}——永久作用产生的橡胶支座水平力(kN);

α_d——支座调整系数,一般取 2.3。

2 盆式支座的抗震验算

1)活动盆式支座

$$X_E \leqslant X_{max} \tag{7.2.3-5}$$

$$X_E=\alpha_d X_D+X_H \tag{7.2.3-6}$$

2)固定盆式支座

$$E_{hzh} \leqslant E_{max} \tag{7.2.3-7}$$

$$E_{hzh}=\alpha_d E_{hze}+E_{hzd} \tag{7.2.3-8}$$

式中:X_{max}——活动盆式支座容许滑动的水平位移(m);

E_{max}——固定盆式支座容许承受的最大水平力(kN);

其他符号意义同式(7.2.3-2)和式(7.2.3-4)。

7.3 B类、C类桥梁抗震强度验算

7.3.1 顺桥向和横桥向 E1 地震作用效应和永久作用效应组合后,应按现行的公路桥涵设计规范相关规定验算桥墩的强度。

7.3.2 对于计算长度与矩形截面计算方向的尺寸之比小于 2.5(或墩柱的计算长度与圆形截面直径之比小于 2.5)的矮墩,顺桥向和横桥向 E2 地震作用效应和永久作用效应组合后,应按现行的公路桥涵设计规范相关规定验算桥墩的强度。

7.3.3 顺桥向和横桥向 E2 地震作用效应和永久作用效应组合后,应按现行的公路桥涵设计规范相关规定验算拱桥主拱圈、联结系和桥面系的强度。

7.3.4 墩柱塑性铰区域沿顺桥向和横桥向的斜截面抗剪强度应按下列公式验算：

$$V_{c0} \leqslant \phi(0.0023\sqrt{f'_c}A_e + V_s) \tag{7.3.4}$$

式中：V_{c0}——剪力设计值（kN），按照第6.8节计算；

f'_c——混凝土抗压强度标准值（MPa）；

V_s——箍筋提供的抗剪能力（kN）；

$$V_s = 0.1\frac{A_k b}{S_k}f_{yh} \leqslant 0.067\sqrt{f'_c}A_e$$

A_e——核心混凝土面积（cm^2）；

A_k——同一截面上箍筋的总面积（cm^2）；

S_k——箍筋的间距（cm）；

f_{yh}——箍筋抗拉强度设计值（MPa）；

b——沿计算方向墩柱的宽度（cm）；

ϕ——抗剪强度折减系数，$\phi = 0.85$。

7.3.5 应根据本细则第6.8节计算出的弯矩、剪力和轴力设计值和永久作用效应组合后，按现行《公路桥涵地基与基础设计规范》（JTG D63）验算基础的承载能力。

7.3.6 应根据本细则第6.8节计算出的盖梁弯矩设计值、剪力设计值和永久作用效应组合后，按现行《公路钢筋混凝土及预应力混凝土桥涵设计规范》（JTG D62）验算盖梁的正截面抗弯强度和斜截面抗剪强度。

7.3.7 应根据本细则第6.9节计算出桥台的地震作用效应和永久作用效应组合后，按现行公路桥涵设计规范相关规定验算桥台的承载能力。

7.4 B类、C类桥梁墩柱的变形验算

7.4.1 在E2地震作用下，一般情况应按式（7.4.2）验算潜在塑性铰区域沿顺桥向和横桥向的塑性转动能力，但对于规则桥梁，可按式（7.4.6）验算桥墩墩顶的位移；对于高宽比小于2.5的矮墩，可不验算桥墩的变形，但应按本细则第7.3.2条验算强度。

7.4.2 在E2地震作用下，应按下式验算桥墩潜在塑性铰区域沿顺桥向和横桥向的塑性转动能力：

$$\theta_p \leqslant \theta_u \tag{7.4.2}$$

式中：θ_p——在E2地震作用下，潜在塑性铰区域的塑性转角；

θ_u——塑性铰区域的最大容许转角，按第7.4.3条计算。

7.4.3 塑性铰区域的最大容许转角应根据极限破坏状态的曲率能力，按下式计算：

$$\theta_u = L_p(\phi_u - \phi_y)/K \tag{7.4.3-1}$$

式中：ϕ_y——截面的等效屈服曲率，一般情况下，可按本章第7.4.4条计算；但对于矩形截面和圆形截面桥墩，可按本细则附录B计算；

ϕ_u——极限破坏状态的曲率，一般情况下，可按本章第7.4.5条计算；但对于矩形截面和圆形截面桥墩，可按本细则附录B计算；

K——延性安全系数，取2.0；

L_p——等效塑性铰长度(cm)，可取以下两式计算结果的较小值；

$$L_p = 0.08H + 0.022f_y d_s \geq 0.044f_y d_s \tag{7.4.3-2}$$

$$L_p = \frac{2}{3}b \tag{7.4.3-3}$$

H——悬臂墩的高度或塑性铰截面到反弯点的距离(cm)；

b——矩形截面的短边尺寸或圆形截面直径(cm)；

f_y——纵向钢筋抗拉强度标准值(MPa)；

d_s——纵向钢筋的直径(cm)。

7.4.4 ϕ_y 为理想弹塑性轴力—弯矩—曲率(P-M-ϕ)曲线的等效屈服曲率，如图7.4.4所示，可根据图中两个阴影面积相等求得，计算中应考虑最不利轴力组合。

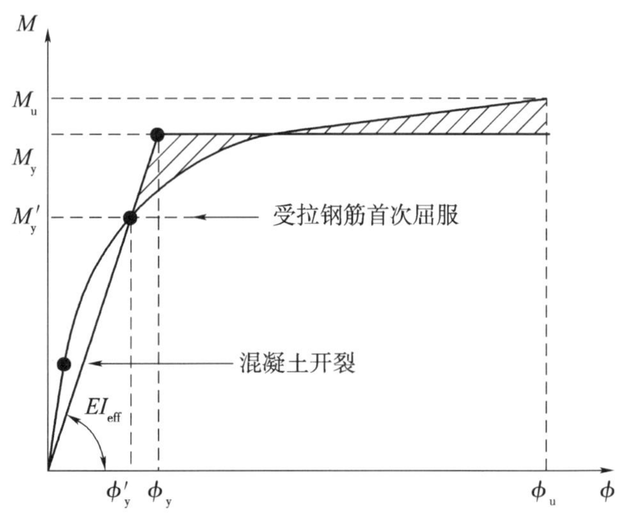

图7.4.4 等效屈服曲率

7.4.5 极限破坏状态的曲率 ϕ_u 应通过考虑最不利轴力组合的 P-M-ϕ 曲线确定，为混凝土应变达到极限压应变 ε_{cu}，或约束钢筋达到折减极限应变 ε_{su}^R，或纵筋达到折减极限应变 ε_{lu}时相应的曲率。混凝土的极限压应变 ε_{cu}可按下式计算：

$$\varepsilon_{cu} = 0.004 + \frac{1.4\rho_s f_{kh}\varepsilon_{su}^R}{f'_{cc}} \tag{7.4.5-1}$$

式中：ρ_s——约束钢筋的体积含筋率，对于矩形箍筋；

$$\rho_s = \rho_x + \rho_y \tag{7.4.5-2}$$

ρ_x、ρ_y——分别为顺桥向与横桥向箍筋体积含筋率；

f_{kh}——箍筋抗拉强度标准值(MPa)；

f'_{cc}——约束混凝土的峰值应力(MPa)，一般情况下可取1.25倍的混凝土抗压强度标准值；

ε_{su}^R——约束钢筋的折减极限应变，$\varepsilon_{su}^R = 0.09$；

ε_{lu}为纵筋的折减极限应变,$\varepsilon_{lu}=0.1$。

7.4.6 在 E2 地震作用下,规则桥梁可按下式验算桥墩墩顶的位移:

$$\Delta_d \leqslant \Delta_u \tag{7.4.6}$$

式中:Δ_d——在 E2 地震作用下墩顶的位移(cm);

Δ_u——桥墩容许位移(cm),按第 7.4.7 条或第 7.4.8 条计算。

7.4.7 单柱墩容许位移按下式计算:

$$\Delta_u=\frac{1}{3}H^2\phi_y+\left(H-\frac{L_p}{2}\right)\theta_u \tag{7.4.7}$$

式中符号意义同式(7.4.3-1)。

7.4.8 对于双柱墩、排架墩,其顺桥向的容许位移可按式(7.4.7)计算;横桥向的容许位移可在盖梁处施加水平力 F,进行非线性静力分析。当墩柱的任一塑性铰达到其最大容许转角时,盖梁处的横向水平位移即为容许位移(图 7.4.8)。

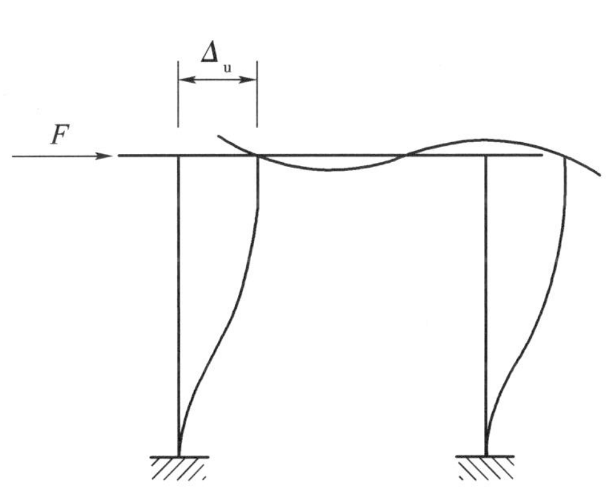

图 7.4.8 双柱墩的容许位移

7.5 B 类、C 类桥梁的支座验算

7.5.1 在 E2 地震作用下,应按下列要求进行板式橡胶支座的抗震验算:

1 支座厚度验算

$$\sum t \geqslant \frac{X_0}{\tan\gamma}=X_0 \tag{7.5.1-1}$$

式中:$\sum t$——橡胶层的总厚度(m);

$\tan\gamma$——橡胶片剪切角正切值,取 $\tan\gamma=1.0$;

X_0——E2 地震作用效应和永久作用效应组合后橡胶支座顶面相对于底面的水平位移(m)。

2 支座抗滑稳定性验算

$$\mu_d R_b \geqslant E_{hzb} \tag{7.5.1-2}$$

式中:μ_d——支座的动摩阻系数;橡胶支座与混凝土表面的动摩阻系数采用 0.15,与钢板的动摩阻系数采用 0.10;

R_b——上部结构重力在支座上产生的反力(kN);

E_{hzb}——E2 地震作用效应和永久作用效应组合后橡胶支座的水平地震力(kN)。

7.5.2 在 E2 地震作用下,应按下列要求进行盆式支座的抗震验算:

活动盆式支座

$$X_0 \leqslant X_{max} \tag{7.5.2-1}$$

固定盆式支座

$$E_{hzb} \leqslant E_{max} \tag{7.5.2-2}$$

式中:X_0——E2 地震作用效应和永久作用效应组合得到的活动盆式支座滑动水平位移(m);

X_{max}——活动盆式支座容许滑动水平位移(m);

E_{hzb}——E2 地震作用效应和永久作用效应组合得到的固定盆式支座水平力设计值(kN);

E_{max}——固定盆式支座容许承受的最大水平力(kN)。

8　延性构造细节设计

8.1　墩柱结构构造措施

8.1.1　对于抗震设防烈度 7 度及 7 度以上地区，墩柱潜在塑性铰区域内加密箍筋的配置，应符合下列要求：

1　加密区的长度不应小于墩柱弯曲方向截面宽度的 1.0 倍或墩柱上弯矩超过最大弯矩 80% 的范围；当墩柱的高度与横截面高度之比小于 2.5 时，墩柱加密区的长度应取全高。

2　加密箍筋的最大间距不应大于 10cm 或 $6d_s$ 或 $b/4$；其中 d_s 为纵向钢筋的直径，b 为墩柱弯曲方向的截面宽度。

3　箍筋的直径不应小于 10mm。

4　螺旋式箍筋的接头必须采用对接，矩形箍筋应有 135°弯勾，并伸入核心混凝土之内 $6d_s$ 以上。

5　加密区箍筋肢距不宜大于 25cm。

6　加密区外箍筋量应逐渐减少。

8.1.2　对于抗震设防烈度 7 度、8 度地区，圆形、矩形墩柱潜在塑性铰区域内加密箍筋的最小体积含箍率 $\rho_{s,\min}$，按以下各式计算。对于抗震设防烈度 9 度及 9 度以上地区，圆形、矩形墩柱潜在塑性铰区域内加密箍筋的最小体积含箍率 $\rho_{s,\min}$ 应比抗震设防烈度 7 度、8 度地区适当增加，以提高其延性能力。

圆形截面

$$\rho_{s,\min}=[0.14\eta_k+5.84(\eta_k-0.1)(\rho_t-0.01)+0.028]\frac{f'_c}{f_{yh}}\geqslant 0.004 \tag{8.1.2-1}$$

矩形截面

$$\rho_{s,\min}=[0.1\eta_k+4.17(\eta_k-0.1)(\rho_t-0.01)+0.02]\frac{f'_c}{f_{yh}}\geqslant 0.004 \tag{8.1.2-2}$$

式中：η_k——轴压比，指结构的最不利组合轴向压力与柱的全截面面积和混凝土轴心抗压强度设计值乘积之比值；

ρ_t——纵向配筋率；

其他符号意义同式(7.3.4)。

8.1.3 墩柱潜在塑性铰区域以外箍筋的体积配箍率不应小于塑性铰区域加密箍筋体积配箍率的50%。

8.1.4 墩柱的纵向钢筋宜对称配筋,纵向钢筋的面积不宜小于0.006A_h,不应超过0.04A_h,其中A_h为墩柱截面面积。

8.1.5 墩柱纵向钢筋之间的距离不应超过20cm,至少每隔一根宜用箍筋或拉筋固定。

8.1.6 空心截面墩柱潜在塑性铰区域内加密箍筋的配置,应符合下列要求:

1 应配置内外两层环形箍筋,在内外两层环形箍筋之间应配置足够的拉筋,如图8.1.6所示。

2 加密箍筋的配置应满足第8.1.1条和第8.1.2条的规定。

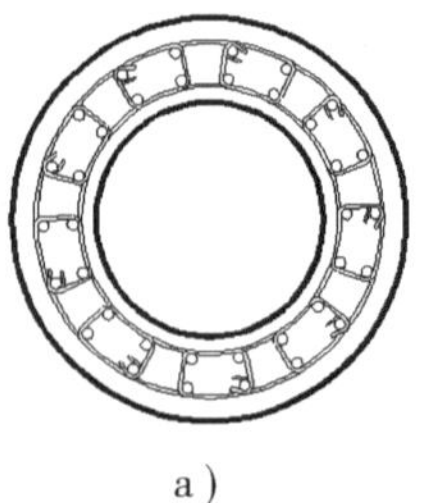

a)

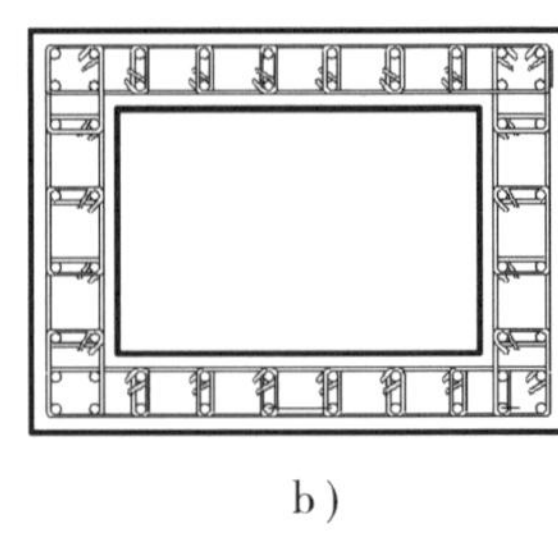

b)

图8.1.6 常用空心截面类型

8.1.7 墩柱的纵向钢筋应尽可能地延伸至盖梁和承台的另一侧面,纵向钢筋的锚固和搭接长度应在现行《公路钢筋混凝土及预应力混凝土桥涵设计规范》(JTG D62)要求的基础上增加10d_s,d_s为纵向钢筋的直径,不应在塑性铰区域进行纵向钢筋的连接。

8.1.8 塑性铰加密区域配置的箍筋应延续到盖梁和承台内,延伸到盖梁和承台的距离不应小于墩柱长边尺寸的1/2,并不小于50cm。

8.1.9 柱式桥墩和排架桩墩的柱(桩)与盖梁、承台连接处的配筋不应少于柱(桩)身最大配筋。柱式桥墩和排架桩墩的截面变化部位,宜做成坡度为2:1~3:1的喇叭形渐变截面或在截面变化处适当增加配筋。

8.1.10 排架桩墩加密区段箍筋布设应符合以下要求:

1 扩大基础的柱式桥墩和排架桩墩应布置在柱(桩)的顶部和底部,其布置高度取柱(桩)的最大横截面尺寸或1/6柱(桩)高,并不小于50cm。

2 桩基础的排架桩墩应布置在柱(桩)的顶部(布置高度同上)和柱(桩)在地面或一般冲刷线以上1倍柱(桩)径处延伸到最大弯矩以下3倍柱(桩)径处,并不小于50cm。排架桩墩加密区段箍筋配置及箍筋接头应符合第8.1.1条的要求。

8.2 结点构造措施

8.2.1 结点的主拉应力和主压应力可按下式计算:

$$\begin{matrix}\sigma_c\\ \sigma_t\end{matrix}=\frac{f_v+f_h}{2}\pm\sqrt{\left(\frac{f_v-f_h}{2}\right)^2+v_{jh}^2} \tag{8.2.1}$$

式中：σ_c、σ_t——结点的名义主压应力和名义主拉应力；

v_{jh}——结点的名义剪应力；

$$v_{jh}=v_{jv}=\frac{V_{jh}}{b_{je}h_b}$$

$$V_{jh}=T_c^t+C_c^b$$

V_{jh}——结点的名义剪力，见图 8.2.1；

T_c^t——考虑超强系数 ϕ^0（$\phi^0=1.2$）的混凝土墩柱纵筋拉力，见图 8.2.1；

C_c^b——考虑超强系数 ϕ^0（$\phi^0=1.2$）的混凝土墩柱受压区压应力合力，见图 8.2.1；

f_v、f_h——结点沿垂直方向和水平方向的正应力；

$$f_v=\frac{P_c^b+P_c^t}{2b_bh_c}$$

$$f_h=\frac{P_b}{b_{je}h_b}$$

b_{je}、h_b——横梁横截面的宽度和高度；

b_b、h_c——上立柱横截面的宽度和高度；

P_c^b、P_c^t——上下立柱的轴力；

P_b——横梁的轴力（包括预应力产生的轴力）。

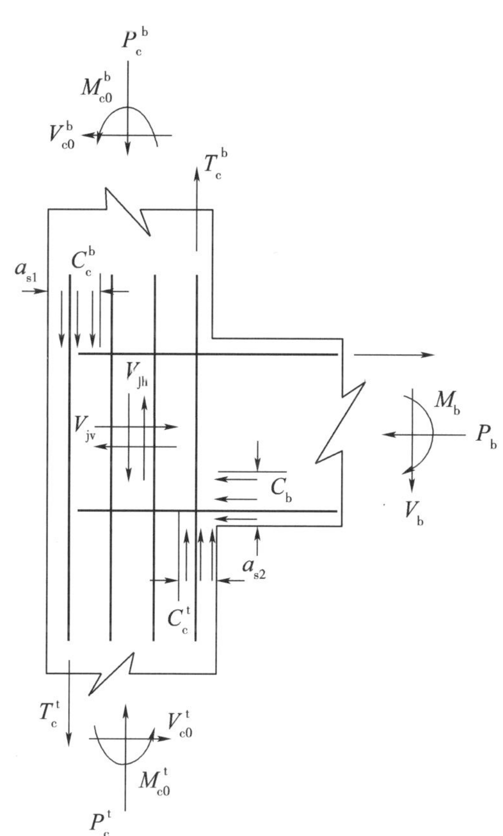

图 8.2.1　结点受力图

8.2.2　如主拉应力 $\sigma_t\leq 0.275\sqrt{f_c'}$（MPa），结点的水平和竖向箍筋配置可按下式计算：

$$\rho_{s,min}=\rho_x+\rho_y=\frac{0.275\sqrt{f_c'}}{f_{yh}} \tag{8.2.2}$$

式中符号意义同式（7.3.4）和式（7.4.5-2）。

8.2.3　如主拉应力 $\sigma_t>0.275\sqrt{f_c'}$（MPa），应按以下要求进行结点的水平和竖向箍筋配置：

1　结点中的横向含箍率不应小于本细则第 8.1.1 条、第 8.1.2 条对于塑性铰加密区域含箍率的要求，横向箍筋的配置见图 8.2.3。

2　在距柱侧面 $h_b/2$ 的盖梁范围内配置竖向箍筋，h_b 为盖梁的高度，竖向箍筋见图 8.2.3，按下式计算竖向箍筋面积 A_v：

$$A_v = 0.174A_s \tag{8.2.3}$$

式中:A_s——立柱纵筋面积。

3 结点中的竖向箍筋可取 $A_v/2$。

图 8.2.3 结点配筋示意图

9 特殊桥梁抗震设计

9.1 一般规定

9.1.1 特殊桥梁包括斜拉桥、悬索桥、单跨跨径150m以上的梁桥和拱桥。

9.1.2 对于特殊桥梁,本细则只给出设计原则。

9.1.3 进行特殊桥梁地震反应分析时,应按第5.1.3条考虑地面运动的空间变化特征。

9.1.4 采用桩基时,应考虑桩—土—结构相互作用对桥梁地震效应的影响。

9.2 抗震概念设计

9.2.1 应尽量采用对称的结构形式,上、下部结构之间的连接构造应尽量均匀对称。

9.2.2 建在抗震设防烈度8度、9度地区的斜拉桥宜优先考虑飘浮体系方案;如飘浮体系导致梁端位移过大,宜采用塔、梁弹性约束或阻尼约束体系。

9.2.3 建在抗震设防烈度8度、9度地区的大跨径拱桥,主拱圈宜采用抗扭刚度较大、整体性较好的断面形式。当采用钢筋混凝土肋拱时,必须加强横向联系。

9.2.4 建在抗震设防烈度8度、9度地区的下承式拱桥和中承式拱桥应设置风撑,应加强端横梁刚度。

9.2.5 主要承重结构(塔、墩及拱桥主拱)宜选择有利于提高延性变形能力的结构形式及材料,避免发生脆性破坏。

9.3 建模与分析原则

9.3.1 特殊桥梁的地震反应分析可采用时程分析法、多振型反应谱法或功率谱法。时程分析结果应与多振型反应谱法相互校核,线性时程分析结果不应小于反应谱法结果的80%。

9.3.2 地震反应分析所采用的地震加速度时程、反应谱和功率谱的频谱应包括含结构第一阶自振周期在内的长周期成分。

9.3.3 地震反应分析时,采用的计算模型必须真实模拟桥梁结构的刚度和质量分布及边界连接条件,并应满足以下要求:

1 应建立主桥与相邻引桥孔耦联的空间计算模型。

2 墩、塔、拱肋及拱上立柱可采用空间梁单元模拟;桥面系应视截面形式选用合理计算模型;斜拉桥拉索、悬索桥主缆和吊杆、拱桥吊杆和系杆可采用空间桁架单元。

3 应考虑恒载作用下几何刚度和拉索垂度效应弹性模量修正等几何非线性影响。

4 进行非线性时程分析时,支承连接条件应采用能反映支座力学特性的单元模拟;如墩柱已进入非线性工作状态,则应选用适当的弹塑性单元来模拟。

9.3.4 反应谱和功率谱分析应满足以下要求:

1 当墩、塔、锚碇基础建在不同土质条件的地基上时,可采用包络反应谱法或包络功率谱法计算。

2 进行多振型反应谱法分析时,应根据结构特点,考虑足够的振型,振型组合应采用CQC法。

9.3.5 时程分析应满足以下要求:

1 时程分析最终结果,当采用3组时程波计算时,应取3组计算结果的最大值;当采用7组时程波计算时,可取7组结果的平均值。

2 对每组地面运动时程积分时,应同时输入该组所有方向的地面运动时程分量。

3 采用减震耗能装置时,应进行非线性时程分析。

9.3.6 一般情况下,阻尼比可按以下规定确定:

1 混凝土梁桥、拱桥的阻尼比不宜大于0.05。

2 斜拉桥的阻尼比不宜大于0.03。

3 悬索桥的阻尼比不宜大于0.02。

9.4 性能要求与抗震验算

9.4.1 在E1地震作用下,结构不发生损伤,保持在弹性范围内;在E2地震作用下,主缆不发生损伤,主塔、基础、主梁等重要结构受力构件局部可发生可修复的损伤,但要求地震后基本不影响车辆的通行。

9.4.2 在 E2 地震作用下,边墩等桥梁结构中比较容易修复的构件可按延性构件设计,震后可以修复,可供紧急救援车辆通过。

9.4.3 拱桥桥墩和拱上立柱、斜拉桥引桥桥墩和悬索桥引桥桥墩应按本细则第 7 章的有关规定进行抗震验算;桥梁支座等连接构件可按第 7.5 节要求进行抗震验算。

9.5 抗震措施

9.5.1 塔、梁交界处,宜在横桥向梁体两侧设置橡胶缓冲装置。

9.5.2 设简支过渡孔的特殊桥梁,应加宽过渡墩、锚固墩的盖梁宽度,并采取防落梁措施。

9.5.3 选用梁端伸缩缝时,应考虑地震作用下的梁端位移。

10 桥梁减隔震设计

10.1 一般规定

10.1.1 本章给出的是桥梁减隔震设计的原则。

10.1.2 满足下列条件之一的桥梁,可采用减隔震设计:

1 桥墩为刚性墩,桥梁的基本周期比较短。

2 桥墩高度相差较大时。

3 桥址区的预期地面运动特性比较明确,主要能量集中在高频段时。

10.1.3 存在以下情况之一时,不宜采用减隔震设计:

1 地震作用下,场地可能失效。

2 下部结构刚度小,桥梁的基本周期比较长。

3 位于软弱场地,延长周期可能引起地基和桥梁共振。

4 支座中可能出现负反力。

10.1.4 减隔震设计的桥梁应针对 E1 地震作用和 E2 地震作用分别进行设计和验算。

10.1.5 减隔震设计的桥梁,应满足正常使用条件的要求。相邻上部结构之间必须在桥台、桥墩等处设置足够的间隙,以满足位移需求。

10.1.6 减隔震设计的桥梁,其基本周期原则上应为不采用减隔震装置时基本周期的两倍以上。

10.1.7 减隔震桥梁抗震分析时,可分别考虑顺桥向和横桥向的地震作用,位于抗震设防烈度 8 度、9 度区的桥梁,应按本细则第 5.1.1 条的规定,考虑竖向地震效应和水平地震效应的不利组合。

10.1.8 减隔震装置的构造宜尽可能简单、性能可靠,应在其性能明确的范围内使用,并进行定期的维护和检查;应考虑减隔震系统的可更换性要求。

10.2 减隔震装置

10.2.1 常用的减隔震装置分为整体型和分离型两类。

10.2.2 目前常用的整体型减隔震装置有：

1 铅芯橡胶支座。

2 高阻尼橡胶支座。

3 摩擦摆式减隔震支座。

10.2.3 目前常用的分离型减隔震装置有：

1 橡胶支座＋金属阻尼器。

2 橡胶支座＋摩擦阻尼器。

3 橡胶支座＋黏性材料阻尼器。

10.3 减隔震桥梁建模原则与分析方法

10.3.1 减隔震桥梁的计算模型除满足本细则第6章的规定外，尚应正确反映减隔振装置的力学特性。

10.3.2 计算减隔震桥梁地震作用效应时，宜取全桥模型进行分析，并考虑伸缩装置、桩土相互作用等因素。

10.3.3 减隔震桥梁抗震分析可采用反应谱法、动力时程法和功率谱法。一般情况下，宜采用非线性动力时程分析方法。

10.4 性能要求与抗震验算

10.4.1 桥墩、桥台、基础等应依据能力保护设计原则进行设计与验算，根据本细则第7章有关条款执行。

10.4.2 减隔震装置应进行如下验算：

1 对于橡胶型减隔震装置，在E1地震作用下产生的剪切应变应小于100%，在E2地震作用下产生的剪切应变应小于250%，并验算其稳定性。

2 非橡胶型减隔震装置，应根据具体的产品指标进行验算。

3 应对减隔震装置在正常使用条件下的性能进行验算。

10.4.3 对减隔震装置的变形、阻尼等力学参数，应进行试验测试。试验得到的力学参数值应在设计值的±10%以内。

11 抗震措施

11.1 一般规定

11.1.1 各类桥梁抗震措施等级的选择,按表3.1.4-1确定。

11.2 6度区

11.2.1 简支梁梁端至墩、台帽或盖梁边缘应有一定的距离(图11.2.1)。其最小值a(cm)按下式计算:

$$a \geqslant 70 + 0.5L \quad (11.2.1)$$

式中:L——梁的计算跨径(m)。

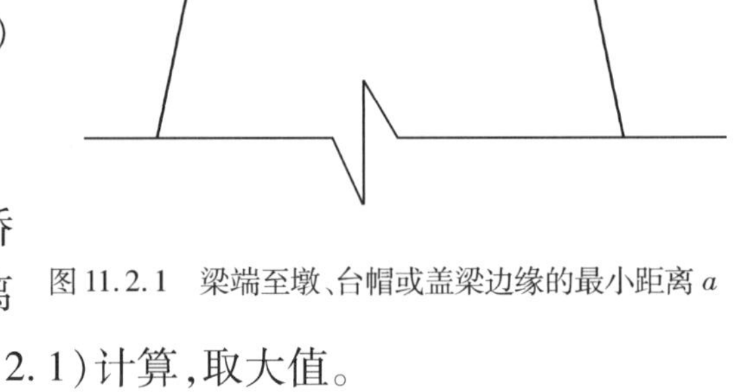

图11.2.1 梁端至墩、台帽或盖梁边缘的最小距离a

11.2.2 当满足式(11.2.2-1)的条件时,斜桥梁(板)端至墩、台帽或盖梁边缘的最小距离a(cm)(图11.2.2)应按式(11.2.2-2)和式(11.2.1)计算,取大值。

$$\frac{\sin 2\theta}{2} > \frac{b}{L_\theta} \quad (11.2.2\text{-}1)$$

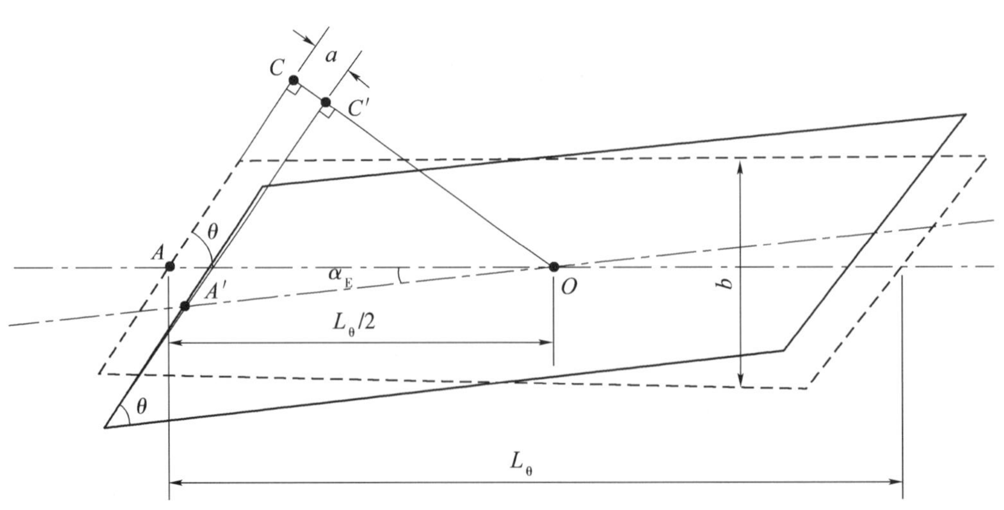

图11.2.2 斜桥梁(板)端至墩、台帽或盖梁边缘的最小距离a

$$a \geqslant 50L_{\theta}[\sin\theta - \sin(\theta - \alpha_E)] \quad (11.2.2\text{-}2)$$

式中：L_{θ}——上部结构总长度(m)，对简支梁桥取其跨径；

b——上部结构总宽度(m)；

θ——斜交角(°)；

α_E——极限脱落转角(°)，一般取5°。

11.2.3 当满足式(11.2.3-1)的条件时，曲线桥梁端至墩、台帽或盖梁边缘的最小距离a(cm)(图11.2.3)应按式(11.2.3-2)和式(11.2.1)计算，取大值。

$$\frac{115}{\varphi} \cdot \frac{1-\cos\varphi}{1+\cos\varphi} > \frac{b}{L} \quad (11.2.3\text{-}1)$$

$$a \geqslant \delta_E \frac{\sin\varphi}{\cos(\varphi/2)} + 30 \quad (11.2.3\text{-}2)$$

$$\delta_E = 0.5\varphi + 70 \quad (11.2.3\text{-}3)$$

式中：δ_E——上部结构端部向外侧的移动量(cm)；

L——上部结构总弧线长度(m)；

φ——曲线梁的中心角(°)。

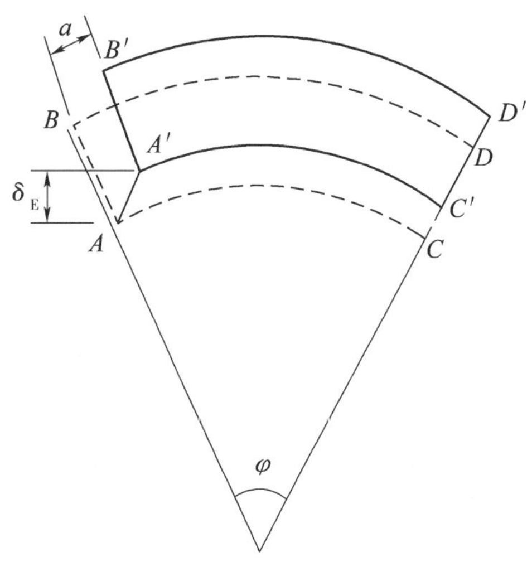

图11.2.3 曲线桥梁端至墩、台帽或盖梁边缘的最小距离a

11.3 7度区

11.3.1 7度区的抗震措施，除应符合6度区的规定外，尚应符合本节的规定。

11.3.2 拱桥基础宜置于地质条件一致、两岸地形相似的坚硬土层或岩石上。实腹式拱桥宜减小拱上填料厚度，并宜采用轻质填料，填料必须逐层夯实。

11.3.3 桥台胸墙应适当加强，并在梁与梁之间和梁与桥台胸墙之间加装橡胶垫或其他弹性衬垫，以缓和冲击作用和限制梁的位移。其构造示意如图11.3.3-1、图11.3.3-2所示。

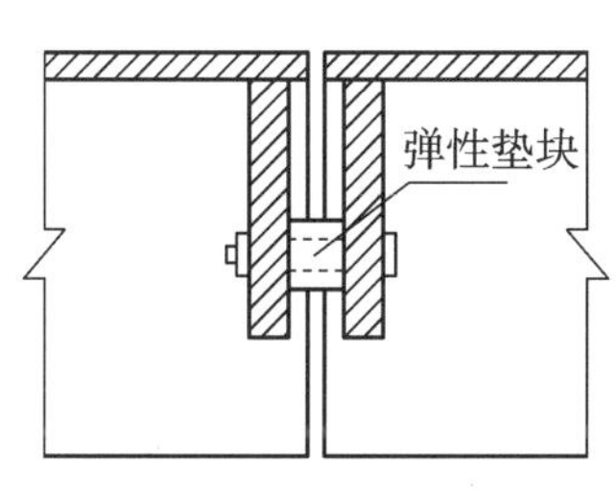

图11.3.3-1 梁与梁之间的缓冲设施

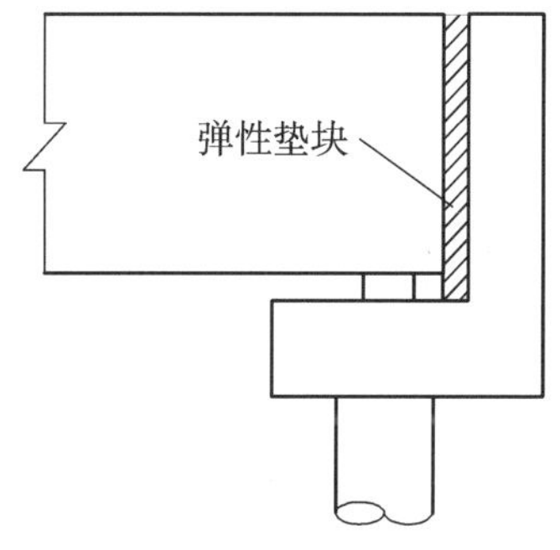

图11.3.3-2 梁与桥台之间的缓冲设施

11.3.4 桥面不连续的简支梁(板)桥,宜采用挡块、螺栓连接和钢夹板连接等防止纵横向落梁的措施。连续梁和桥面连续简支梁(板)桥,应采取防止横向产生较大位移的措施。

11.3.5 在软弱黏性土层、液化土层和不稳定的河岸处建桥时,对于大、中桥,可适当增加桥长,合理布置桥孔,使墩、台避开地震时可能发生滑动的岸坡或地形突变的不稳定地段。否则,应采取措施增强基础抗侧移的刚度和加大基础埋置深度;对于小桥,可在两桥台基础之间设置支撑梁或采用浆砌片(块)石满铺河床。

11.4 8 度区

11.4.1 8 度区的抗震措施,除应符合 7 度区的规定外,尚应符合本节的规定。

11.4.2 大跨径拱桥的主拱圈宜采用抗扭刚度较大、整体性较好的断面形式,如箱形拱、板拱等。当采用钢筋混凝土肋拱时,必须加强横向联系。

11.4.3 应采用合理的限位装置,防止结构相邻构件产生过大的相对位移。

11.4.4 梁桥活动支座,不应采用摆柱支座;当采用辊轴支座时,应采取限位措施。

11.4.5 连续梁桥宜采取使上部构造所产生的水平地震荷载能由各个墩、台共同承担的措施,以免固定支座墩受力过大。

11.4.6 连续曲梁的边墩和上部构造之间宜采用锚栓连接,防止边墩与梁脱离。

11.4.7 高度大于 7m 的柱式桥墩和排架桩墩应设置横系梁。

11.4.8 石砌或混凝土墩(台)的墩(台)帽与墩(台)身连接处、墩(台)身与基础连接处、截面突变处、施工接缝处均应采取提高抗剪能力的措施。

11.4.9 桥台宜采用整体性强的结构形式。

11.4.10 石砌或混凝土墩、台和拱圈的最低砂浆强度等级,应按现行《公路圬工桥涵设计规范》(JTG D61)的要求提高一级采用。

11.4.11 桥梁下部为钢筋混凝土结构时,其混凝土强度等级不应低于 C25。

11.4.12 基础宜置于基岩或坚硬土层上。基础底面宜采用平面形式。当基础置于基岩上时，方可采用阶梯形式。

11.5 9 度区

11.5.1 9 度区的抗震措施，除应符合 8 度区的规定外，尚应符合本节的规定。

11.5.2 梁桥各片梁间必须加强横向连接，以提高上部结构的整体性。当采用桁架体系时，必须加强横向稳定性。

11.5.3 混凝土或钢筋混凝土无铰拱，宜在拱脚的上、下缘配置或增加适当的钢筋，并按锚固长度的要求伸入墩(台)拱座内。

11.5.4 拱桥墩、台上的拱座，混凝土强度等级不应低于 C25，并应配置适量钢筋。

11.5.5 桥梁墩、台采用多排桩基础时，宜设置斜桩。

11.5.6 桥台台背和锥坡的填料不宜采用砂类土，填土应逐层夯实，并注意采取排水措施。

11.5.7 梁桥活动支座应采取限制其竖向位移的措施。

附录A 梁桥结构基本周期的近似公式

A.1 梁桥桥墩基本周期的近似公式

A.1.1 梁桥桥墩的基本周期可通过实测、试验或理论计算确定。一般情况下,可按下列近似公式计算各类桥墩的基本周期:

$$T_1 = 2\pi\left(\frac{G_t\delta_s}{g}\right)^{\frac{1}{2}} \tag{A.1.1}$$

式中:T_1——各类梁桥桥墩的基本周期(s);

G_t——支座顶面或上部结构质量重心处的换算质点重力(kN),对于柔性墩,$G_t = G_{sp} + G_{cp} + \eta G_p$;对于实体墩顺桥向,$G_t = G_{sp} + \left[X_f + \frac{1}{3}(1 - X_f)^2\right]G_p$;对于实体墩横桥向或多排桩基础上的桥墩,$G_t = \sum_{i=0}^{n} G_i X_{1i}^2$;其符号意义与本细则第6.7.2条和第6.7.3条相同;

δ_s——在顺桥向或横桥向作用于支座顶面或上部结构质量重心上单位水平力在该点引起的水平位移(m/kN),顺桥和横桥方向应分别计算,对于实体墩,计算横桥方向的基本周期时,一般应考虑剪切变形的影响;对于变截面桥墩,可按本附录第A.1.2条计算等效截面惯性矩;对于扩大基础、多排桩基础和沉井基础,当考虑地基变形时,可按现行《公路桥涵地基与基础设计规范》(JTG D63)的有关规定计算支座顶面或上部结构质量重心的水平位移;

g——重力加速度(m/s^2);

其他符号意义同式(6.7.3)。

A.1.2 变截面桥墩等效截面惯性矩可按下式计算:

$$I_e = \frac{H^3}{3\int_0^H \frac{x^2}{I(x)}dx} \tag{A.1.2}$$

式中:I_e——桥墩等效截面惯性矩(m^4);

H——桥墩计算高度(m);

x——以墩顶为坐标原点的坐标变量(m);

$I(x)$——坐标x处墩身惯性矩(m^4),对有代表性的断面可按表A.1.2采用。

表 A.1.2　换算截面惯性矩

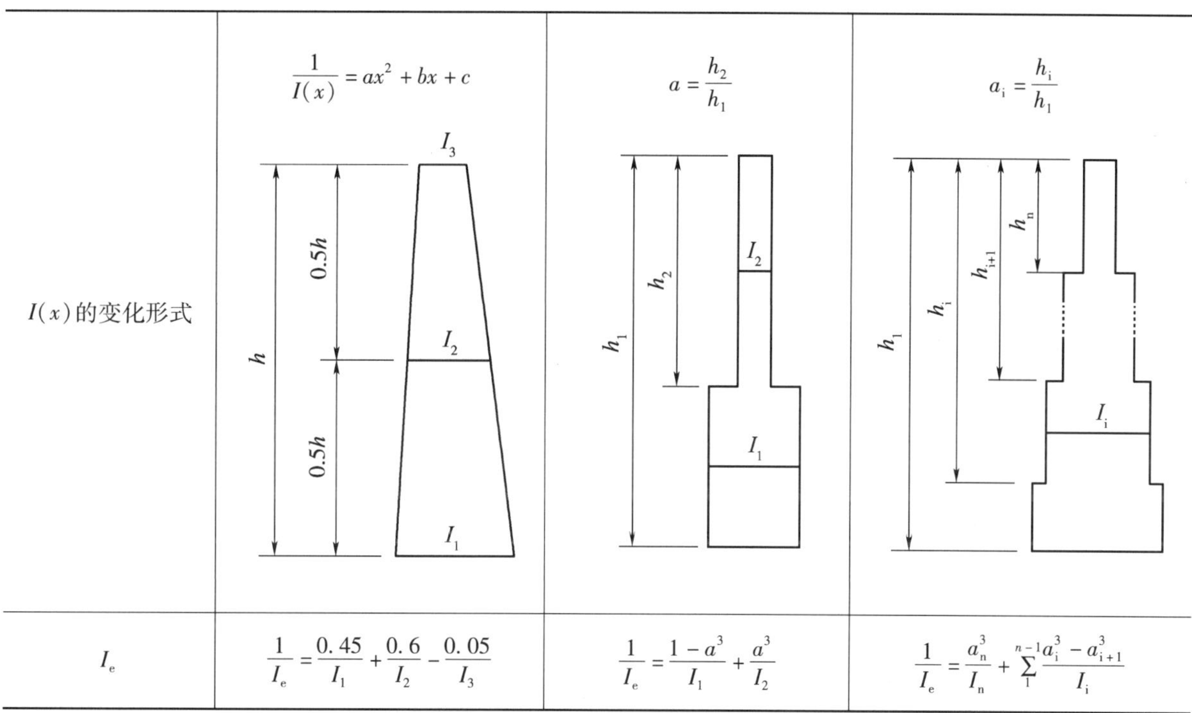

	$\frac{1}{I(x)}=ax^2+bx+c$	$a=\frac{h_2}{h_1}$	$a_i=\frac{h_i}{h_1}$
$I(x)$的变化形式	I_3, I_2, I_1, h, $0.5h$, $0.5h$	I_2, I_1, h_1, h_2	I_i, h_1, h_i, h_{i+1}, h_n
I_e	$\frac{1}{I_e}=\frac{0.45}{I_1}+\frac{0.6}{I_2}-\frac{0.05}{I_3}$	$\frac{1}{I_e}=\frac{1-a^3}{I_1}+\frac{a^3}{I_2}$	$\frac{1}{I_e}=\frac{a_n^3}{I_n}+\sum_1^{n-1}\frac{a_i^3-a_{i+1}^3}{I_i}$

A.2　采用板式橡胶支座的梁桥基本周期近似计算公式

采用板式橡胶支座的梁桥，桥墩基本周期可按两个质点体系的公式计算，共计算简图如 A.2.1 所示。

$$\omega_1^2=g\frac{G_{tp}K_1+(K_1+K_2)G_{sp}-\{[G_{tp}K_1+(K_1+K_2)G_{sp}]^2-4G_{tp}G_{sp}K_1K_2\}^{1/2}}{2G_{sp}G_{tp}} \tag{A.2.1}$$

$$T_1=\frac{2\pi}{\omega_1} \tag{A.2.2}$$

式中：ω_1——基本圆频率(rad/s)；

K_1——相应于一联上部结构所对应的全部板式橡胶支座抗推刚度之和(kN/m)；

K_2——相应于一联上部结构所对应的桥墩抗推刚度之和(kN/m)；

T_1——基本周期(s)；

其他符号意义如图 A.2.1 所示。

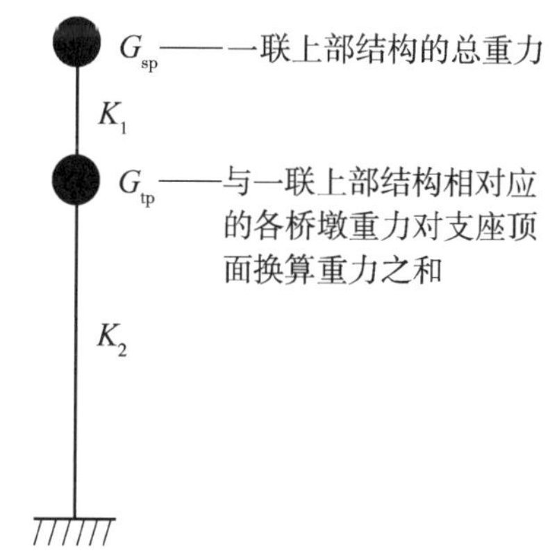

图 A.2.1　自振特性计算简图

附录 B 圆形和矩形截面屈服曲率和极限曲率计算

B.0.1 截面屈服曲率

对于圆形截面和矩形截面,其截面屈服曲率可按下式计算:

圆形截面: $$\phi_y D = 2.213\varepsilon_y \tag{B.0.1-1}$$

矩形截面: $$\phi_y H = 1.957\varepsilon_y \tag{B.0.1-2}$$

式中:ϕ_y——截面屈服曲率(1/m);

ε_y——相应于钢筋屈服时的应变;

D——圆形截面的直径(m);

H——矩形截面计算方向的截面高度(m)。

B.0.2 截面极限曲率

1 圆形截面

截面极限曲率 ϕ_u(1/m)可分别根据以下两式计算,取小值。

$$\phi_u D = (2.826\times10^{-3} + 6.850\varepsilon_{cu}) - (8.575\times10^{-3} + 18.638\varepsilon_{cu})\left(\frac{P}{f'_c A_g}\right) \tag{B.0.2-1}$$

$$\phi_u D = (1.635\times10^{-3} + 1.179\varepsilon_s) + (28.739\varepsilon_s^2 + 0.656\varepsilon_s + 0.010)\left(\frac{P}{f'_c A_g}\right) \tag{B.0.2-2}$$

式中:P——截面所受到的轴力(kN);

f'_c——混凝土抗压强度标准值(kN/m^2);

A_g——混凝土截面面积(m^2);

ε_s——钢筋极限拉应变,可取 $\varepsilon_s = 0.09$;

ε_{cu}——约束混凝土的极限压应变,可按下式计算;

$$\varepsilon_{cu} = 0.004 + \frac{1.4\rho_s f_{kh}\varepsilon_{su}^{R}}{f'_{cc}} \tag{B.0.2-3}$$

ρ_s——约束钢筋的体积含筋率,对于矩形箍筋:

$$\rho_s = \rho_x + \rho_y$$

f_{kh}——箍筋抗拉强度标准值(kN/m^2);

f'_{cc}——约束混凝土的峰值应力(kN/m^2),一般可取 1.25 倍的混凝土抗压强度标准值;

ε_{su}^{R}——约束钢筋的折减极限应变，$\varepsilon_{su}^{R}=0.09$。

2 矩形截面

截面极限曲率 ϕ_u(1/m)可分别根据以下两式计算，取小值。

$$\phi_u H=(4.999\times10^{-3}+11.825\varepsilon_{cu})-(7.004\times10^{-3}+44.486\varepsilon_{cu})\left(\frac{P}{f_c'A_g}\right) \quad (B.0.2\text{-}4)$$

$$\phi_u H=(5.387\times10^{-4}+1.097\varepsilon_s)+(37.722\varepsilon_s^2+0.039\varepsilon_s+0.015)\left(\frac{P}{f_c'A_g}\right) \quad (B.0.2\text{-}5)$$

式中符号意义同式(B.0.2-1)和式(B.0.2-2)。

附录 C 功率谱法的实施原则

C.1 地面均匀运动时结构响应自功率谱的计算

C.1.1 在有效频率区间$[\omega_L,\omega_U]$内,按等间隔 $\Delta\omega$ 选取 m 个频点。对每一个频点构造虚拟简谐地面加速度激励 $\ddot{x}_g(t)=\sqrt{S_a(\omega)}\,e^{i\omega t}$。若由此 $\ddot{x}_g(t)$ 引起的结构稳态简谐响应(位移、内力等,可按普通有限元方法计算)表示为 $y(\omega,t)=Y(\omega)e^{i\omega t}$,其中 $Y(\omega)=Y_r(\omega)+iY_i(\omega)$ 为一复数,则该响应 y 的自功率谱可按下式计算:

$$S_y(\omega)=|Y(\omega)|^2=Y_r^2(\omega)+Y_i^2(\omega) \tag{C.1.1}$$

C.1.2 有效频率区间的下界 ω_L 和上界 ω_U 可按下式确定:

$$\omega_L\leqslant 0.7\omega_1,\omega_U\geqslant 1.2\omega_q \tag{C.1.2}$$

式中:ω_1——基本圆频率;

ω_q——第 q 阶(即最高阶)参振振型的自振圆频率,频点间隔一般可取为 $\Delta\omega=0.05$ (1/s)。

C.2 考虑行波效应时结构响应自功率谱的计算

C.2.1 根据沿桥向波速 v(它可代表 v_p 或 v_s)构造全部 N 个桥墩所受的虚拟简谐地面加速度激励向量:

$$\{\ddot{x}_g\}=\{1,e^{-i\omega T_2},\cdots,e^{-i\omega T_j},\cdots,e^{-i\omega T_N}\}^T\sqrt{S_a(\omega)}\,e^{i\omega t} \tag{C.2.1-1}$$

式中:T_j——地震波的波前从第 1 号桥墩传到第 j 号桥墩的时间;若 X 为顺桥方向,记 X_j 为第 j 号桥墩的 X 坐标(顺桥向坐标),则

$$T_j=\frac{X_j-X_1}{v} \tag{C.2.1-2}$$

C.2.2 计算出在简谐激励[式(C.2.1-1)]作用下结构的任一稳态简谐响应 y,则其自功率谱仍可按式(C.1.1)计算。

C.3 结构响应需求的计算

按结构响应(可为位移、内力或其他与位移成线性关系的量)y 的自功率谱 $S_y(\omega)$ 计

算该响应的期望极值(即需求)$\hat{y}$,可按以下步骤实行:

C.3.1 按下式计算 y 的第 i 阶谱矩(取 $i=0,2$ 计算)

$$\lambda_{\mathrm{i}} = \int_0^{\infty} \omega^i S_{\mathrm{y}}(\omega)\mathrm{d}\omega \approx \int_{\omega_{\mathrm{L}}}^{\omega_{\mathrm{U}}} \omega^i S_{\mathrm{y}}(\omega)\mathrm{d}\omega \approx \sum_{l=1}^{m} \omega_l^i S_{\mathrm{y}}(\omega_l)\Delta\omega \tag{C.3.1}$$

式中:λ_2——y 的二阶谱矩;

λ_0——y 的零阶谱矩(方差),$\lambda_0=\sigma_{\mathrm{y}}^2$;

σ_{y}——y 的标准差。

C.3.2 本节假定地震激励是零均值平稳正态随机过程;而结构的任意线性响应 $y(t)$ 也有同样的概率特征,记 y_{e} 为其极值。定义无量纲参数

$$\eta = y_{\mathrm{e}}/\sigma_{\mathrm{y}},\ v=\sqrt{\lambda_2/\lambda_0}/2\pi \tag{C.3.2-1}$$

η 的期望值近似为

$$E(\eta)\approx(2\ln vt_{\mathrm{d}})^{1/2}+\gamma/(2\ln vt_{\mathrm{d}})^{1/2} \tag{C.3.2-2}$$

式中:γ——欧拉常数,$\gamma=0.5772$。

而极值 y_{e} 的期望值近似为

$$\hat{y}=E(y_{\mathrm{e}})=E(\eta)\sigma_{\mathrm{y}} \tag{C.3.2-3}$$

这里的期望极值(需求)$\hat{y}$ 是与反应谱方法中所计算的需求相当的量。

附录 D　黏性填土的地震土压力计算公式

D.0.1　地震主动土压力

地震主动土压力按下式计算:

$$E_{ea}=\left[\frac{1}{2}\gamma H^2+qH\frac{\cos\alpha}{\cos(\alpha-\beta)}\right]K_a-2cHK_{ca} \tag{D.0.1-1}$$

式中:γ——黏性填土重度(kN/m^3);

H——桥台高(m);

q——滑裂楔体上的均布荷载(kN/m);

α——桥台背面与竖直方向之间的夹角(°);

β——填土表面与水平面的夹角(°);

c——黏性填土的黏聚力系数;

K_a——地震主动土压力系数;

$$K_a=\frac{\cos^2(\varphi-\alpha-\theta)}{\cos\theta\cos^2\alpha\cos(\alpha+\delta+\theta)\left[1+\sqrt{\frac{\sin(\varphi+\delta)\sin(\varphi-\beta-\theta)}{\cos(\alpha-\beta)\cos(\alpha+\delta+\theta)}}\right]^2} \tag{D.0.1-2}$$

φ——填土的内摩擦角(°);

δ——填土与桥台台背面的摩擦角(°);

θ——地震角,按表 D.0.1 取值;

表 D.0.1　地震角取值表

抗震设防烈度		7 度	8 度	9 度
地震角 θ (°)	水上	1.5	3.0	6.0
	水下	2.5	5.0	10.0

K_{ca}——系数,按式(D.0.1-3)计算;

$$K_{ca}=\frac{1-\sin\varphi}{\cos\varphi} \tag{D.0.1-3}$$

地震土压力计算示意图如图 D.0.1 所示。

D.0.2　地震被动土压力

地震被动土压力按下式计算:

$$E_{ep}=\left[\frac{1}{2}\gamma H^2+qH\frac{\cos\alpha}{\cos(\alpha-\beta)}\right]K_{psp}+2cHK_{cp} \tag{D.0.2-1}$$

式中：K_{psp}——地震被动土压力系数；

K_{cp}——系数，由下式计算；

$$K_{cp}=\frac{\sin(\varphi-\theta)+\cos\theta}{\cos\theta\cos\varphi} \tag{D. 0. 2-2}$$

其他符号意义同式（D. 0. 1-1）。

D. 0. 3 地震土压力作用的位置

在 $q=0$ 时，地震土压力作用位置可取在距桥台底 $H/3$ 处；$q\neq 0$ 时，H 要再加上 q 折算的填土高度。

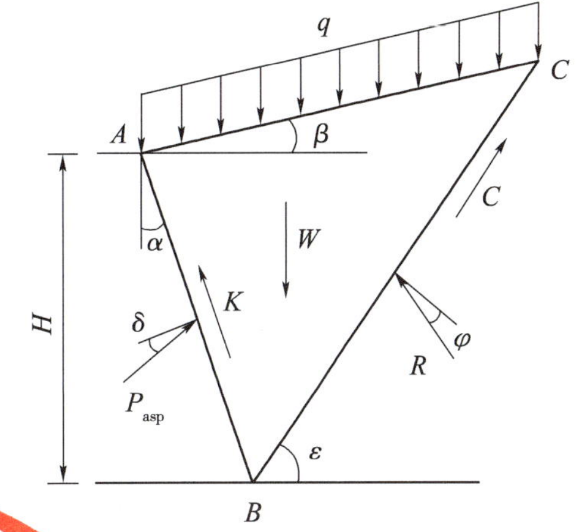

图 D. 0. 1 地震土压力计算示意图

本细则用词说明

对执行细则条文严格程度的用词,采用以下写法:

1 表示很严格,非这样做不可的用词:

正面词采用“必须”;反面词采用“严禁”。

2 表示严格,在正常情况下均应这样做的用词:

正面词采用“应”;反面词采用“不应”或“不得”。

3 表示允许稍有选择,在条件许可时首先应这样做的用词:

正面词采用“宜”;反面词采用“不宜”。

4 表示有选择,在一定条件下可以这样做的用词,采用“可”。

附件

《公路桥梁抗震设计细则》

（JTG/T B02-01—2008）

条 文 说 明

1 总则

1.0.1 我国处于世界两大地震带——环太平洋地震带和亚欧地震带之间，是一个强震多发国家。我国地震的特点是发生频率高、强度大、分布范围广、伤亡大、灾害严重，几乎所有的省、市、自治区都发生过六级以上的破坏性地震。根据1990年国家地震局公布的我国地震烈度基本区划图，我国地震烈度等于或大于7度的地区面积达312万km^2，占国土总面积的近1/3。自20世纪80年代以来，国外发生的强烈地震，不仅造成了人员伤亡，而且造成了极大的经济损失。突发的强烈地震使建设成果毁于一旦，引发长期的社会政治、经济问题，并带来难以慰籍的感情创伤。公路桥梁是生命线系统工程中的重要组成部分，在抗震救灾中，公路交通运输网更是抢救人民生命财产和尽快恢复生产、重建家园、减轻次生灾害的重要环节。

1998年3月1日《中华人民共和国防震减灾法》颁布实施，对我国的防震减灾工作提出了更为明确的要求和相应的具体规定。

《公路工程抗震设计规范》(JTJ 004—89)(简称"原规范")是1990年1月1日颁布施行的，至今已长达10多年，许多方面已显得落后，不能满足我国公路桥梁快速发展和建设的需要。在此期间，国内外公路桥梁抗震技术有了长足进展，而且，从国外的情况来看，美国、日本等发达国家都有专门的桥梁抗震设计规范。因此，在广泛吸收、消化国内外先进的公路桥梁抗震设计成熟新技术基础上，将公路桥梁抗震设计的要求和规定单独成册，制定了本细则，以供公路桥梁设计部门进行抗震设计时遵循。

参照国外桥梁抗震设防的性能目标要求，同时考虑了和《公路工程抗震设计规范》(JTJ 004—89)中桥梁抗震设防性能目标要求的延续性和一致性，本细则规定：A类桥梁的抗震设防目标是中震(E1地震作用，重现期约为475年)不坏，大震(E2地震作用，重现期约为2 000年)可修；B、C类桥梁的抗震设防目标是小震(E1地震作用，重现期约为50~100年)不坏，中震(重现期约为475年)可修，大震(E2地震作用，重现期约为2 000年)不倒；D类桥梁的抗震设防目标是小震(重现期约为25年)不坏。需要指出的是，对于B、C类桥梁，其抗震设计只进行E1地震作用下的弹性抗震设计和E2地震作用下的延性抗震设计，满足了这两个阶段的性能目标要求后，中震(重现期约为475年)可修的目标即认为已隐含满足。因此，本细则实质上是采用两水平设防、两阶段设计。

1.0.2 自《公路工程抗震设计规范》(JTJ 004—89)颁布施行以来，我国桥梁建设发展非常快，修建了大量单跨跨径超过150m的特大跨径桥梁，以及混凝土斜拉桥和悬索桥等特殊桥梁，因此，本细则有必要把适用范围适当扩大。但由于目前研究工作还不够充分，本细则对单跨跨径超过150m的特大跨径桥梁,以及混凝土斜拉桥和悬索桥,只给出抗震设计原则,详细的抗震设计仍须作专门研究。

1.0.3 本细则从我国目前的具体情况出发,考虑到公路桥梁的重要性和在抗震救灾中的作用,本着确保重点和节约投资的原则,将不同桥梁给予不同的抗震安全度。具体来讲,将公路桥梁分为A、B、C、D四个抗震设防类别,并按抗震设防类别确定不同的设防标准和设防目标。

2 术语和符号

本章仅将本细则出现的、人们比较生疏的术语列出。术语的解释，其中部分是国际公认的定义，但大部分则是概括性的的涵义，并非国际或国家公认的定义。术语的英文名称不是标准化名称，仅供引用时参考。

3 基本要求

3.1 桥梁抗震设防目标及设防分类和设防标准

3.1.1~3.1.4 本细则在编制过程中对桥梁的抗震设防分类、设防标准和设防目标开展了专题研究,这几条系根据专题研究成果编写。

为叙述方便,本细则将桥梁抗震设防类别为A类、B类、C类和D类的桥梁分别简称为A类桥梁、B类桥梁、C类桥梁和D类桥梁。

参照国外桥梁抗震设防的性能目标要求,同时考虑了和《公路工程抗震设计规范》(JTJ 004—89)中桥梁抗震设防性能目标要求的延续性和一致性,本细则规定:A类桥梁的抗震设防目标是E1地震作用(重现期约为475年)下不应发生损伤,E2地震作用(重现期约为2 000年)下可产生有限损伤,但地震后应能立即维持正常交通通行;B、C类桥梁的抗震设防目标是E1地震作用(重现期约为50~100年)下不应发生损伤,E2地震作用(重现期约为475~2 000年)下不致倒塌或产生严重结构损伤,经临时加固后可供维持应急交通使用;D类桥梁的抗震设防目标是E1地震作用(重现期约为25年)下不应发生损伤。因此,本细则实质上是采用两水平设防、两阶段设计;D类桥梁采用一水平设防、一阶段设计。

从总体上看,《公路工程抗震设计规范》(JTJ 004—89)的抗震设防分类和设防标准是基本合理的。但是,随着我国公路桥梁建设的飞速发展,特别是特大跨径桥梁的大规模建设,有必要对公路桥梁的抗震设防重要性分类作适当调整,以便于在抗震设计时具有更强的可操作性。一般情况下,按本细则抗震设防分类原则规定的A类桥梁为单跨跨径超过150m的特大桥,B类涵盖了《公路工程抗震设计规范》(JTJ 004—89)的A、B类桥梁,C、D类同原规范基本一致,只是考虑到低等级公路上的桥梁在抗震救灾中的重要性,将四级公路上的大桥、特大桥从原规范的D类提高到C类,同时将原规范不考虑抗震设计的四级公路上的中桥、小桥增加到D类。同时,本细则规定,对抗震救灾以及在经济、国防上具有重要意义的桥梁或破坏后修复(抢修)困难的桥梁,报请批准后,可根据具体情况提高设防类别。原规范只规定三、四级公路上的桥梁,报请批准后,可提高一类设防。对提高抗震设防类别的条款进行修订的主要理由,也是考虑到某些较低等级公路上的桥梁,如果对抗震救灾以及在经济、国防上特别重要,应当根据需要提高抗震设防类别。

本细则规定的抗震设防标准基本维持和原规范相当的水平。但本细则在抗震设计方法上有大的改变,采用两水平设防、两阶段设计。第一阶段的抗震设计,采用弹性抗震设计;第二阶段的抗震设计,采用延性抗震设计方法,并引入能力保护设计原则。通过第一阶段的抗震设计，即对应 E1 地震作用的抗震设计，可达到和原规范基本相当的抗震设防水平。通过第二阶段的抗震设计，即对应 E2 地震作用的抗震设计，来保证结构具有足够的延性能力，通过验算，确保结构的延性能力大于延性需求。通过引入能力保护设计原则，确保塑性铰只在选定的位置出现，并且不出现剪切破坏等破坏模式。通过抗震构造措施设计，确保结构具有足够的位移能力。

从表 3-1、表 3-2、表 3-3 可以看出：对于原规范，A 类桥梁，考虑重要性系数和不同的综合影响系数，设计地震动参数在(0.34～0.595)A，对应 100 年重现期的设计地震动参数为 0.493A；B 类桥梁，考虑重要性系数和不同的综合影响系数，设计地震动参数在(0.26～0.455)A，对应 75 年重现期的设计地震动参数为 0.426A；C 类桥梁，考虑重要性系数和不同的综合影响系数，设计地震动参数在(0.2～0.35)A，对应 50 年重现期的设计地震动参数为 0.34A；D 类桥梁，考虑重要性系数和不同的综合影响系数，设计地震动参数在(0.12～0.21)A，对应 25 年重现期的设计地震动参数为 0.226A。

由此可以看出，对于 E1 地震作用，可通过引入不同重要性系数来调整设计地震动参数，采用弹性设计并取消综合影响系数是恰当的。对于本细则 A、B、C、D 四类桥梁，B、C、D 类重要性系数分别取 0.43(0.5)、0.34 和 0.23，对应的设计地震动重现期大约分别为 75(100)年、50 年和 25 年，和原规范的设防标准基本相当；对于本细则 A 类桥梁，为保证较高的抗震设防水平，重要性系数取 1，设计地震动重现期约为 475 年。需要指出的是，由于本细则的 B 类桥梁涵盖了《公路工程抗震设计规范》(JTJ 004—89)的 A 类桥梁和 B 类桥梁，为和原规范保持基本一致的设防标准，本细则 B 类桥梁中属于原规范中 A 类的桥梁，其重要性系数取括号内的值。

表 3-1　由原规范的重要性系数和综合影响系数计算出的地震动参数

重要性系数 \ 综合影响系数	0.20	0.25	0.30	0.33	0.35
1.7	0.34A	0.425A	0.51A	0.561A	0.595A
1.3	0.26A	0.325A	0.39A	0.429A	0.455A
1.0	0.20A	0.25A	0.30A	0.33A	0.35A
0.6	0.12A	0.15A	0.18A	0.198A	0.21A

注：A-水平向设计基本地震动加速度峰值。

表 3-2　对应表 3-1 不同重要性系数和综合影响系数的重现期(年)

重要性系数 \ 综合影响系数	0.20	0.25	0.30	0.33	0.35
1.7	50	75	106	129	147
1.3	31	46	64	76	85
1.0	21	29	40	47	52
0.6	10	13	17	20	22

表 3-3 只考虑重要性系数时原规范各类桥梁设计地震的重现期(年)

重要性系数	年超越概率(%)	重现期(年)
1.7	0.048	约 2 000
1.3	0.106	约 1 000
1.0	0.21	475
0.6	0.673	148

对于 E2 地震作用,本细则 A、B、C 三类桥梁,B、C 类重要性系数取值和原规范一致,对应重要性系数为 1.7、1.3 和 1.0,设计地震动的重现期大约分别为 2 000 年、1 000 年和 475 年;A 类桥梁参考了近年来国内外特大跨径桥梁抗震设计的设防标准的具体实施情况。国内外近年来设计的特大跨径桥梁,其抗震设防标准大致是设计地震动重现期为 1 000 ~2 000 年,且大多数桥梁是按照重视期约为 2 000 年设计,因此本细则 A 类桥梁重要性系数取 1.7,其设计地震动重现期大约为2 000 年。由于原规范只采用一阶段设计,通过引入综合影响系数来折减地震力后采用弹性抗震设计,其隐含的意思是允许结构进入塑性,对结构的延性性能有相应的需求,但在设计上又没有进行必要的延性抗震设计,其延性能力能否满足延性需求是不确定的,这也是原规范存在的一个较大的缺陷。因此,本细则对 E2 地震作用的抗震设计阶段,对延性抗震设计作了明确的规定,弥补了原规范的不足。

抗震构造措施,是在总结国内外桥梁震害经验的基础上提出来的设计原则。历次大地震的震害表明,抗震构造措施可以起到有效减轻震害的作用,而其所耗费的工程代价往往较低。因此,本细则对抗震构造措施提出了更高和更细致的要求,对 A 类、B 类桥梁,抗震措施均按提高一度或更高的要求设计。

3.1.5 立体交叉的跨线桥梁一旦遭受地震破坏,不仅会影响到上线交通,还会影响到下线交通,因此,其抗震设防标准应按上、下两线中较高的抗震设防标准来进行抗震设计。

4 场地和地基

4.1 场地

4.1.1 抗震有利地段一般系指建设场地及其邻近无晚近期活动性断裂，地质构造相对稳定，同时地基为比较完整的岩体、坚硬土或开阔平坦密实的中硬土等。

抗震不利地段一般系指软弱黏性土层、液化土层和地层严重不均匀的地段，地形陡峭、孤突、岩土松散、破碎的地段，地下水位埋藏较浅、地表排水条件不良的地段。严重不均匀地层系指岩性、土质、层厚、界面等在水平方向变化很大的地层。

抗震危险地段一般系指地震时可能发生滑坡、崩塌地段，地震时可能塌陷的地段、溶洞等岩溶地段和已采空的矿穴地段，河床内基岩具有倾向河槽的构造软弱面被深切河槽所切割的地段，发震断裂、地震时可能坍塌而中断交通的各种地段。

4.1.8 本条规定引自中华人民共和国国家标准《建筑抗震设计规范》(GB 50011—2001)的有关规定。

4.1.9 本条规定引自中华人民共和国国家标准《建筑抗震设计规范》(GB 50011—2001)的有关规定。对构造物范围内发震断裂的工程影响进行评价，是地震安全性评价的内容。对于本细则没有要求必须进行工程场地地震安全性评价的桥梁工程，可以结合场地工程地震勘察的评价，按本条规定采取措施。在此处，发震断裂的工程影响主要是指发震断裂引起的地表破裂对工程结构的影响。对这种瞬时间产生的地表错动还没有经济、有效的工程构造措施，主要靠避让来减轻危险性。国外有报道称，某些具有坚固基础的建筑物曾成功地抵抗住或转移了数英寸的地表破裂，结构物未发生破坏(Youd,1989)，指出优质配筋的筏式基础和内部拉接坚固的基础效果最好，可供设计者参考。

(1)实际发震断裂引起的地表破裂与地震烈度没有直接的关系，而是与地震的震级有一定的相关性。从目前积累的资料看，6 级以下的地震引起地表破裂的仅有一例，所以本款所提的“地震设防烈度低于 8 度”，实质是指地震的震级小于 6 级。设计人员很难判断工程所面临的未来地震震级，地震烈度可以直接从地震区划图上了解到。本款的提法，便于设计人员使用。

(2)在活动断层调查中取得断层物质(断层泥、糜棱岩)及上覆沉积物样本，可以根据已有的一些方法(C14、热释光等)测试断层最新活动年代。显然，活动断层和发震断裂，尤其是发生 6 级以上地震的断裂，并不完全一样，从中鉴别需要专门的工作。为了便于设计人员使用,根据我国的资料和研究成果,此处排除了全新世以前活动断裂上发生6级以上地震的可能性,对于一般的公路工程在大体上是可行的。

(3)覆盖土层的变形可以“吸收”部分下伏基岩的错动量,是指土层地表的错动会小于下伏基岩顶面错动的事实。显然,这种“吸收”的程度与土层的工程性质和厚度有关。各场地土层的结构和土质条件往往会不同,有的差别很大,目前规范中不能一一规定,只能就平均情况大体上规定一个厚度。如上所述,此处提到的地震烈度8度和9度实质上是指震级6.0和6.7,基岩顶面的错动量随地震震级的增加会有所增大,数值大约在1m至若干米,土层厚度到底多大才能使地表的错动量减小到对工程结构没有显著影响,是一个正在研究中的问题。数值60m和90m,是根据最近一次大型离心机模拟试验的结果归纳的,也得到一些数值计算结果的支持。

本条规定,当不能满足上述条件时,宜采取避让的措施。避开主断裂距离为桥墩边缘至主断裂边缘分别为300m和500m,主要的依据是国内外地震断裂破裂宽度的资料,取值有一定的保守程度。在受各种客观条件限制,难以避开数百米时,美国加州的相关规定可供参考:一般而言,场地的避让距离应由负责场地勘察的岩土工程师与主管建筑和规划的专业人员协商确定。在有足够的地质资料可以精确地确定存在活断层迹线的地区,且该地区并不复杂时,避让距离可规定为50英尺(约16m);在复杂的断层带宜要求较大的避让距离。倾滑的断层,通常会在较宽且不规则的断层带内产生多处破裂,在上盘边缘受到的影响大、下盘边缘的扰动很小,避让距离在下盘边缘可稍小,上盘边缘则应较大。某些断层带可包含如挤压脊和凹陷之类的巨大变形,不能揭露清晰的断层面或剪切破碎带,应由有资质的工程师和地质师专门研究,如能保证建筑基础能抗御可能的地面变形,可修建不重要的结构。

4.2 地基的承载力

4.2.1、4.2.2 由于地震作用属于偶然的瞬时荷载,地基土在短暂的瞬时荷载作用下,可以取用较高的容许承载力。世界上大多数国家的抗震规范和我国其他规范,在验算地基的抗震强度时,对于抗震容许承载力的取值,大都采用在静力设计容许承载力的基础上乘以调整系数来提高。本条在原规范基础上,参照《建筑抗震设计规范》(GB 50011—2001)的有关规定,对地基土的划分作了少量修订。

4.3 地基的液化和软土地基

4.3.1 本条规定主要依据液化场地的震害调查结果。许多资料表明,在6度区液化对公路桥梁造成的震害是比较轻的,因此本条规定6度区及6度以下地区的公路桥梁可不考虑液化影响。

4.3.2 用于液化判别的黏粒含量系采用六偏磷酸钠作分散剂测定,采用其他方法时应按有关规定换算。

4.3.5 抗液化措施是对液化地基的综合治理。本条根据桥梁分类等级和地基液化等级，提出地基的抗震液化措施要求。

4.3.6～4.3.8 在这几条中规定了消除液化震陷和减轻液化影响的具体措施，这些措施都是在震害调查和分析判断的基础上提出来的。

对地基中的可液化土层，应查明其分布范围，分析其危害程度，根据工程实际情况，选择合理工程措施。具体工程措施很多，从本质上可以归纳为以下几方面：改变可液化土的性质，使其不具备液化条件，如采用振冲加固或挤密碎石桩加固后构成复合地基等；改善排水条件，限制地震时空隙水压力的产生和增长；置换可液化地基土；越过可液化地基土层，如采用桩基础；围封可液化地基，消除或减轻液化破坏的危害性。

条文中规定的是较常用的方法。若液化土层埋深浅，工程量小，可采用挖除换土法。该方法造价低、施工快、处治彻底、不留后患。强夯法也多有采用，加密深度可达10m以上。

5 地震作用

5.1 一般规定

5.1.1 本条对地震作用的分量选取和分量组合作出了规定。

2 如桥位在发震断裂附近,竖向地震作用可能较大,或结构对竖向地震作用很敏感时,必须考虑竖向地震作用。

3 采用反应谱法或功率谱法同时考虑水平向 X、Y 与竖向 Z 的地震作用时,可分别计算水平向 X、Y 与竖向 Z 地震作用下的响应,其总的地震作用效应按本条规定进行组合。

4 采用非线性时程分析时,由于叠加原理已不适用,各方向的分量必须同时加上,因此理论上讲应同时输入包含两个或三个方向分量的一组地震动时程。获取包含两个或三个方向分量的一组地震动时程,一般应由地震安全性评价部门给出,或采用和场址场地土条件接近的天然地震波,经调整得到和设计加速度反应谱兼容的一组地震波。

5.1.3 当考虑地震动空间变化影响时,对于给定的结构自振周期 T,各桥台和桥墩的反应谱或功率谱值可能不同,此时,当采用反应谱法分析时,由于考虑多点非一致激励方式的复杂性和困难,可近似采用等效一致激励方式处理,但反应谱每一点的值应取各桥台和桥墩的反应谱值的最大值,这样得到的反应谱即为包络反应谱,计算结果才能保证偏于安全。当采用功率谱分析时,可直接采用多点非一致激励方式进行分析。

5.2 设计加速度反应谱

5.2.1 桥梁抗震设计要求描述地震作用的设计加速度反应谱周期更长些。本细则编制过程中的一项专题研究分析了强地震动记录在长周期段的可靠性,指出模拟记录的加速度反应谱在 5 ~6s 以下的范围内是可靠的;数字记录可以达到 10s;基线漂移对加速度反应谱的影响可忽略不计。根据两类记录反应谱长周期段特征的比较,论证了周期范围可以扩展到 10s。通过 823 条水平向强地震动记录的统计分析,指出随着反应谱周期范围的扩展,一些抗震设计规范为了降低风险,规定设计反应谱下降的速率略缓慢些,同时规定了反应谱的最小值,可能会导致长周期段的过分保守,设计反应谱按 T^{-1} 的速率下降是有足够安全保障的,完全没有必要设下限值,且尚无必要再规定一段 T^{-2} 的下降段。式(5.2.1)采纳了该专题研究的建议。

5.2.2 众所周知,场地条件对地震动的幅值、频谱都有显著的影响。美国根据 Loma Prieta 地震中大量强地震动观测数据,采用两个场地系数改进了设计加速度反应谱最大值和特征周期的规定。我国《建筑抗震设计规范》(GB 50011—2001)在编制过程中曾对此专门研究,得到结论是“目前强震观测资料的累积程度还不足以客观地反映各种因素对反应谱的影响”,而没有作相应改进。本细则编制过程中的专题研究指出了该研究中在数据分组环节上的差错,得出了完全不同的结论,设计加速度反应谱最大值应随场地条件调整。表 5.2.2 中的数值是根据统计的平均特征,参考美国 NEHRP 规范,考虑我国抗震设计规范第一次采用场地系数调整幅度宜小一点,综合规定的。

5.2.3 同样为了尽量减少改动,本条采用了《建筑抗震设计规范》(GB 50011—2001)的场地类型划分方案和特征周期的确定方法。经对本细则编制过程中的专题研究用实际观测数据进行检验,这样一个折中方案构造的设计反应谱与各种场地类型、地震动强度分组的平均反应谱曲线更接近,不仅长周期段有改进,而且短周期段也有明显的改进。定量比较分析表明,在 82 个周期点上误差之和的分组平均值平均减小了近一半。

5.2.4 本条规定直接引自中华人民共和国国家标准《建筑抗震设计规范》(GB 50011—2001)的有关规定。

5.2.5 本条的规定是一项专题研究的结果。至今,大部分抗震设计规范仍然采用水平反应谱乘一个系数的方法来规定竖向地震作用,这个系数值一般在 1/2 ~ 2/3 之间,是以这两个方向上反应谱形状相差不大为前提的。现行抗震设计规范中,也有规定两个方向上形状不同的设计反应谱的。例如,我国《核电厂抗震设计规范》(GB 50267—97)中分别规定了水平地震作用和竖向地震作用的标准反应谱。这两个标准反应谱的最主要差别体现在最大值的周期范围不同。欧洲抗震设计规范 EC-8 中,采用的竖向地震动反应谱的形状与水平向标准反应谱的形状也有所不同,相差一个与周期有关因子,周期小于 0.15s 时,为 0.7;周期大于 0.5s 时,为 0.5;在 0.15 ~ 0.5s 之间时,采用前两者间的插值。

专题研究中共选用 448 条水平记录、230 条竖向记录,按我国《建筑抗震设计规范》(GB 50011—2001)的标准划分了场地类别,其中包括Ⅰ类场地水平记录有 118 条、竖向记录 60 条,Ⅱ类场地水平记录有 178 条、竖向记录 90 条,Ⅲ类场地水平记录有 148 条、竖向记录 78 条。Ⅳ类场地只有 4 条水平记录、2 条竖向记录,数量太少,统计中未使用。统计得出的竖向/水平反应谱比的总平均特征如图 5-1 所示。

进一步分析的结果表明,竖向/水平反应谱比与距离关系不明显,与场地条件有一定的相关性,如图 5-2 所示。图中,实线是Ⅰ类场地的谱比,下面两条虚线是Ⅱ、Ⅲ类场地的谱比。

为便于应用,专题研究组建议在本细则中按两种场地条件规定竖向/水平反应谱比函数,基岩和土层场地,前者对应于Ⅰ类场地,后者包括Ⅱ、Ⅲ、Ⅳ类场地。谱比曲线用三段表示,短周期处取一直线,长周期段也取一直线,二者之间以斜线相连。

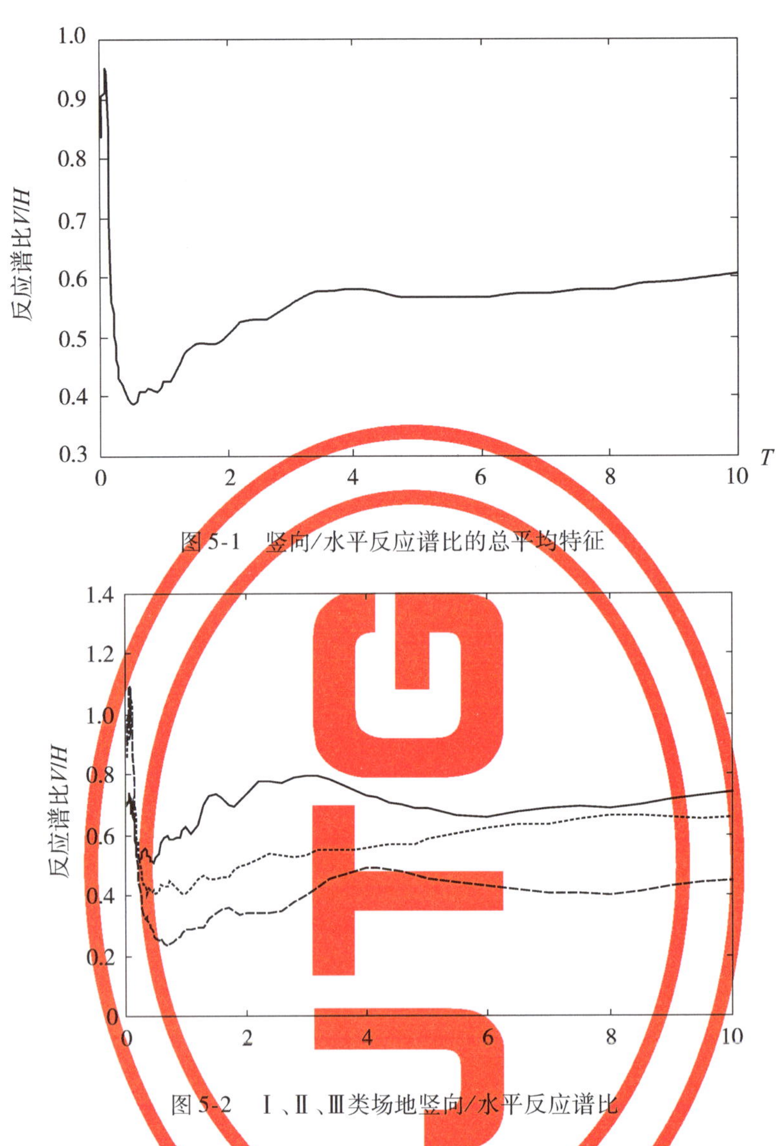

图 5-1　竖向/水平反应谱比的总平均特征

图 5-2　Ⅰ、Ⅱ、Ⅲ类场地竖向/水平反应谱比

5.3　设计地震动时程

5.3.2　本条规定主要参考中华人民共和国国家标准《工程场地地震安全性评价》(GB 17741—2005)的有关规定，鉴于其中有些条文比较概括，也参考了该规范前两个版本的具体规定。

5.4　设计地震动功率谱

5.4.2　地面上任一点加速度平稳自功率谱密度函数 $S(\omega)$ 反映了该点地震动的频谱特性。经过国内外学者多年来的研究，目前已有多种功率谱模型，如：Housner 将地面运动简化为平稳脉冲系列，把加速度功率谱密度函数假定为白噪声模型；Kanai-Tajimi(金井清—田治见宏)假定基岩上地震动为白噪声，并考虑场地滤波特性而提出了一种有明显物理意义的随机过程过滤白噪声模型。

$$S_a(\omega)=\frac{1+4\xi_g^2(\omega/\omega_g)^2}{[1-(\omega/\omega_g)^2]^2+4\xi_g^2(\omega/\omega_g)^2}S_0 \tag{5-1}$$

式中：ω_g、ξ_g——场地土的卓越频率和阻尼比；

S_0——基岩地震动白噪声强度。

在此基础上，胡聿贤、Ruiz 等提出了改进功率谱模型。以上参数化模型都有一定的物理意义，在应用上也比较简便。但是一定的参数只适合某些特定场地，并不具有普遍性。和抗震规范反应谱相比，上述地面加速度功率谱模型对于地震动描述还显得比较粗略。例如，规范反应谱规定了场地特性、震中距的远近对反应谱曲线的影响，只要已知一些基本条件就能够给出确定的加速度反应谱曲线来描述地震动特性。为了按某一地区的地面加速度反应谱曲线来构造相应的功率谱曲线，一些学者研究了地震动反应谱和功率谱之间的转换关系。在地面运动为平稳随机过程的前提下，若单质点体系加速度反应 $y(t)$ 的标准差为 $\sigma_y(t)$，则在地震动持续时间 $(0,T_s)$ 内，不超越概率为 p 的最大反应 Y 可以表示为

$$Y=r\sigma_y \tag{5-2}$$

式中：r——峰值因子；

Y——相应于结构阻尼比为 ξ、圆频率为 ω_0 的单质点体系加速度反应谱值 $S_a(\xi,\omega_0)$。

在此基础上，Kaul 于 1978 年提出了一个近似转换公式。

$$S_a(\omega)=\frac{T\xi}{\pi^2}\frac{S^2}{\ln\left[\left(-\frac{T}{2t_d}\ln p\right)^{-1}\right]} \tag{5-3}$$

式中：S——阻尼比为 ξ（一般取 $\xi=0.05$）、周期为 T 处的绝对加速度反应谱值；

$S_a(\omega)$——功率谱密度函数（单边功率谱），$\omega=2\pi/T$ 为圆频率；

t_d——强震持时；

p——不超越概率，Kaul 建议取 $p=0.85$；但作为描述地震作用的基本参数的反应谱是中值谱，即超越概率 50%，因此功率谱必须与之统一，所以这里取 $p=0.5$。

5.5 地震主动土压力和动水压力

5.5.2 本条规定按附录 D 的规定计算地震土压力，取自此次规范修订中一个专题研究的成果。在《公路工程抗震设计规范》（JTJ 004—89）中，地震土压力的计算依据 1924 年日本学者物部—冈部计算式（简称 M-O 公式）简化规定。M-O 公式是在填土无黏性的假定下推导得出的，而工程实践中桥台填土往往会有一定黏聚性。在这个专题研究中，参照经典广义库仑土压力理论的推导，极限平衡中考虑了滑楔体的重力、滑裂面上的黏聚力、桥台与土体接触面上的黏着力、滑裂面上的反力和桥台台背的反作用力及滑裂楔体上的均布荷载等，采用与 M-O 公式推导相同的思路将桥台和台背填土体逆时针旋转（在推导地震被动土压力时顺时针旋转）一个角度（规范中称为地震角），整理、推导了黏性填土地震主动土压力和被动土压力的计算表达式。这两个计算公式统一了砂性土与黏性土地

震土压力的计算公式,比 M-O 公式更一般。在 $c=k=0$ 时,即无黏性填土,蜕变为常用 M-O公式;若不考虑地震作用,取 $\theta=0$,即为著名的库仑土压力公式;取 $\alpha=\beta=\delta=0$、$k=0$ 时,为朗肯公式。从推导得出的公式可以看出,考虑土的黏性,地震主动土压力比 M-O 公式计算的要小些,地震被动土压力比 M-O 公式计算的要大些。

为适应《公路桥梁抗震设计细则》修订的要求,专题研究中对地震土压力公式作了进一步的简化。简化后公式在形式上与现行《水运工程抗震设计规范》(JTJ 225—98)采用的黏性土地震土压力的计算式是一致的。为了论证附录 D 中规定的简化算式的可靠性和可行性,结合四个桥台的具体例子,分别与原规范(M-O 公式)和《水运工程抗震设计规范》(JTJ 225—98)相应土地震土压力计算式的结果进行了对比,见表 5-1。

表 5-1　黏性土地震土压力计算式的结果对比

项目 / 实例号	黏性土地震主动土压力			黏性土地震被动土压力		
	M-O 公式	JTJ 225—98	附录 D	M-O 公式	JTJ 225—98	附录 D
1	245.32	151.31	144.63	504.81	664.47	641.53
2	137.27	61.81	61.91	379.97	512.86	507.43
3	364.55	231.97	230.11	2 166.08	2 664.17	2 430.22
4	384.51	230.59	211.31	5 499.53	6 428.94	6 011.29

从表 5-1 可见,按附录 D 规定的简化公式计算的桥台地震土压力与按《水运工程抗震设计规范》(JTJ 225—98)中公式计算的结果接近,且多在其与 M-O 公式之间。

5.5.3　本条引自《公路工程抗震设计规范》(JTJ 004—89)。

6 抗震分析

6.1 一般规定

6.1.1 考虑到与原规范的衔接以及单跨跨径超过150m大跨度桥梁抗震的特殊性,本细则从桥梁抗震设计角度定义的常规桥梁为单跨跨径不超过150m的梁桥、圬工或混凝土拱桥。

6.1.3 为了简化桥梁结构的动力响应计算及抗震设计和校核,梁桥结构根据其在地震作用下动力响应的复杂程度分为两大类,即规则桥梁和非规则桥梁。对于规则桥梁的抗震分析、设计与校核,根据目前积累的大量震害经验及理论研究成果,采用简化计算方法和设计校核步骤就可以很好地把握其在地震作用下的动力响应特性,并使设计的结构满足规范预期的性能要求。对于非规则桥梁,由于其动力响应特性复杂,采用简化计算方法不能很好地把握其动力响应特性,因此对非规则桥梁,本细则要求采用比较复杂的分析方法和设计校核过程来确保其在实际地震作用下的性能满足本细则的设计要求。

规则桥梁的地震反应应以第一阶振型为主,因此可以采用本细则建议的各种简化计算公式进行分析。对规则桥梁采用简化的设计、校核过程也可以保证其能够满足本细则规定的预期抗震设计性能目标。

显然,要满足规则桥梁的定义,实际桥梁结构应在跨数、几何形状、质量分布、刚度分布以及桥址的地质条件等方面服从一定的限制。具体地讲,要求实际桥梁的跨数不应太多,跨径不宜太大(避免轴压力过高),在桥梁纵向和横向上的质量分布、刚度分布以及几何形状都不应有突变,相邻桥墩的刚度差异不应太大,桥墩长细比应处于一定范围,桥址的地形、地质没有突变,而且桥址场地不会有发生液化和地基失效的危险等等;对弯桥和斜桥,要求其最大圆心角和斜交角应处于一定范围;对安装有隔震支座和(或)阻尼器的桥梁,则不属于规则桥梁。为了便于实际操作,此处对规则桥梁给出了一些规定。迄今为止,国内还没有对规则桥梁结构的定义范围作专门研究,这里仅借鉴国外一些桥梁抗震设计规范的规定并结合国内已有的一些研究成果,给出表6.1.3的规定。不在此表限定范围内的桥梁,都属于非规则桥梁。

由于拱桥的地震反应相对较复杂,其动响应一般不由第一阶振型控制,因此,本细则把拱桥列入非规则桥梁一类。

6.1.4 在E1地震作用下,结构处在弹性工作范围,可采用反应谱方法和线性时程方法计算;对于规则桥梁,由于其动力响应主要由第一阶振型控制,因此可采用简化的单模态反应谱方法计算。在E2地震作用下,由于容许结构进入弹塑性工作范围,对于非规则桥梁只有采用非线性时程的方法才能正确预计结构的非线性地震反应;但对于规则桥梁,可以利用结构的弹性反应,采用修正系数的方法来考虑弹塑性效应,因此可采用简化方法。

6.1.5 一般情况下,桥台为重力式桥台,其质量和刚度都非常大,为了和《公路工程抗震设计规范》(JTJ 004—89)衔接,可采用静力法计算。

6.1.6 在E1地震作用下,结构在弹性范围工作,关注的是结构的强度,在此情况下可近似偏于安全地取桥墩的毛截面进行抗震分析(一般情况下,取毛截面计算出的结构周期相对较短,计算出的地震力偏大);而在E2地震作用下,容许结构进入弹塑性工作状态,关注的是结构的变形,对于延性构件取毛截面计算出的变形偏小,偏于不安全,因此取开裂后等效截面刚度是合理的。

6.1.7 由于圬工拱桥、重力式桥墩和桥台一般为混凝土结构,结构尺寸大、无延性,因此可只考虑进行E1地震作用下的抗震设计。

6.1.8、6.1.9 地震作用下梁体的惯性力按桥墩的刚度分配给下部结构,如相邻桥墩刚度相差较大,水平地震力在下部结构间的分配一般不理想。这时可以通过在刚度较大的墩处设置活动支座或弹性支座(橡胶支座)来减小刚度较大桥墩所受水平地震力;矮墩一般刚度较大,不宜设置固定支座而宜设置板式橡胶支座来减小地震力。

6.1.10 对抗震不利的桥型主要包括曲率半径较小的曲线桥、斜交角过小的斜桥。

6.2 桥梁延性抗震设计

6.2.1~6.2.4 1971年美国圣弗尔南多(San Fernand)地震爆发以后,各国都认识到结构的延性能力对结构抗震性能的重要意义;在1994年美国北岭(Northridge)地震和1995年日本神户(Kobe)地震爆发后,强调结构总体延性能力已成为一种共识。为保证结构的延性,同时最大限度地避免地震破坏的随机性,新西兰学者Park等在20世纪70年代中期提出了结构抗震设计理论中的一个重要原则——能力保护设计原则(Philosophy of Capacity Design),并最早在新西兰混凝土设计规范(NZS3101,1982)中得到应用。以后这个原则先后被美国、欧洲和日本等国家的桥梁抗震规范所采用。

能力保护设计原则的基本思想在于:通过设计,使结构体系中的延性构件和能力保护构件形成强度等级差异,确保结构构件不发生脆性的破坏模式。基于能力保护设计原则的结构抗震设计过程,一般都具有以下特征:

(1)选择合理的结构布局。

(2)选择地震中预期出现的弯曲塑性铰的合理位置,保证结构能形成一个适当的塑性耗能机制;通过强度和延性设计,确保潜在塑性铰区域截面的延性能力。

(3)确立适当的强度等级,确保预期出现弯曲塑性铰的构件不发生脆性破坏模式(如剪切破坏、黏结破坏等),并确保脆性构件和不宜用于耗能的构件(能力保护构件)处于弹性反应范围。

具体到梁桥,按能力保护设计原则,应考虑以下几方面:

(1)塑性铰的位置一般选择出现在墩柱上,墩柱作为延性构件设计,可以发生弹塑性变形,耗散地震能量。梁式桥的塑性铰区域见图6.2.2。

(2)墩柱的设计剪力值按能力设计方法计算,应为与柱的极限弯矩(考虑超强系数)所对应的剪力。在计算设计剪力值时应考虑所有潜在的塑性铰位置,以确定最大的设计剪力。

(3)盖梁、结点及基础按能力保护构件设计,其设计弯矩、设计剪力和设计轴力应为与柱的极限弯矩(考虑超强系数)所对应的弯矩、剪力和轴力;在计算盖梁、结点和基础的设计弯矩、设计剪力和轴力值时,应考虑所有潜在的塑性铰位置,以确定最大的设计弯矩、剪力和轴力。

6.3 建模原则

6.3.1、6.3.2 由于非规则桥梁动力特性的复杂性,采用简化计算方法不能正确地把握其动力响应特性,要求采用杆系有限元建立动力空间计算模型。正确地建立桥梁结构的动力空间模型是进行桥梁抗震设计的基础。为了正确反映实际桥梁结构的动力特性,要求每个墩柱至少采用三个杆系单元;桥梁支座采用支座连接单元模拟,单元的质量可采用集中质量代表(图6-1)。

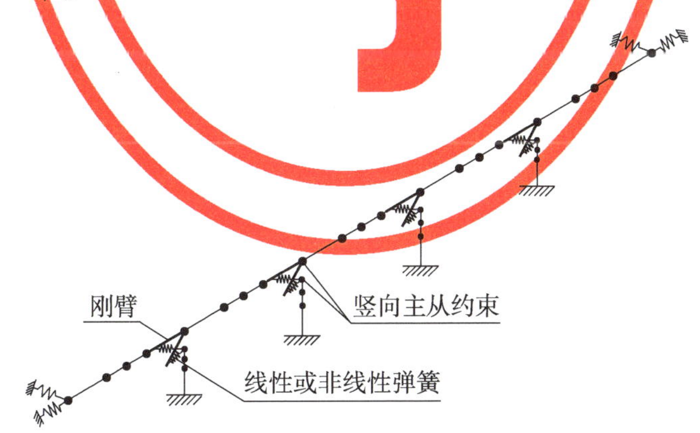

图6-1 桥梁动力空间计算模型

阻尼是影响结构地震反应的重要因素,在进行非规则桥梁时程反应分析时可采用瑞利阻尼假设建立阻尼矩阵。根据瑞利阻尼假设,结构的阻尼矩阵可表示为:

$$[C]=a_0[M]+a_1[K] \tag{6-1}$$

式中:$[M]$、$[K]$——结构的质量和刚度矩阵;

a_0、a_1——可按下式确定;

$$\begin{Bmatrix} a_0 \\ a_1 \end{Bmatrix} = \frac{2\xi}{\omega_n + \omega_m} \begin{Bmatrix} \omega_n \omega_m \\ 1 \end{Bmatrix} \tag{6-2}$$

ξ——结构阻尼比,对于混凝土桥梁 $\xi = 0.05$;

ω_n、ω_m——结构振动的第 n 阶和第 m 阶圆频率,一般 ω_n 取可取结构的基频,ω_m 取后几阶对结构振动贡献大的模态的频率。

6.3.3 在建立一般非规则桥梁动力空间模型时应尽量建立全桥计算模型,但对于很长的桥梁,可以选取具有典型结构或特殊地段或有特殊构造的多联梁桥(一般不少于 3 联)进行地震反应分析。这时应考虑邻联结构和边界条件的影响。邻联结构和边界条件的影响可以在所取计算模型的末端再加上一联梁桥或桥台模拟(图 6-2)。

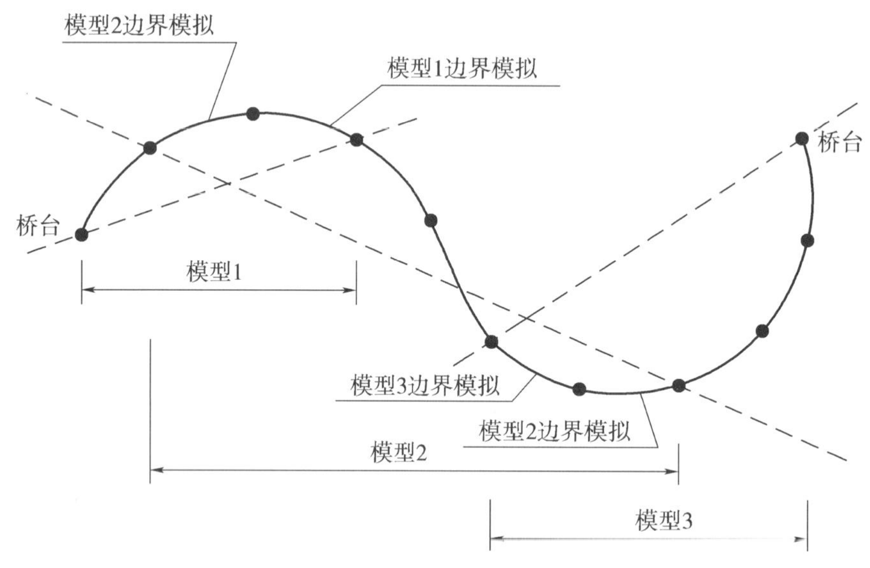

图 6-2 邻联结构和边界条件的模拟

对于具有不规则的几何形状(如包含大量的曲线、斜桥和直线梁桥)的大型桥梁工程,直接利用总体空间计算模型进行时程反应分析非常复杂。为了简化计算,可以分成两步进行结构的地震反应分析:

(1)首先建立总体空间模型,利用总体空间模型进行 E1 地震作用下的反应谱振型分解法分析,确定结构的空间耦联地震反应特性和地震最不利输入方向。总体空间模型应包括立交工程中的所有桥梁结构及其连接方式。

(2)在总体空间模型计算结果的基础上,建立局部计算模型,利用局部模型和确定的地震最不利输入方向进行时程分析。局部模型应考虑邻联结构和边界条件的影响。

6.3.4 规则桥梁的地震反应应以一阶振型为主,因此可以采用本细则建议的各种简化计算公式进行分析。

6.3.6 根据抗震设防原则,在 E2 地震作用下,允许结构出现塑性,发生损伤,但要求桥梁上部结构与下部结构之间保持整体工作，避免支座等上部结构与下部结构之间的连接构件发生破坏。即在 E2 地震作用下桥梁可以进入非线性工作范围，因此，只有进行结构非线性时程地震反应分析才能比较真实地模拟结构实际反应。

梁柱单元的弹塑性可以采用 Bresier 建议的屈服面来表示（图 6-3），也可采用非线性梁柱纤维单元模拟。

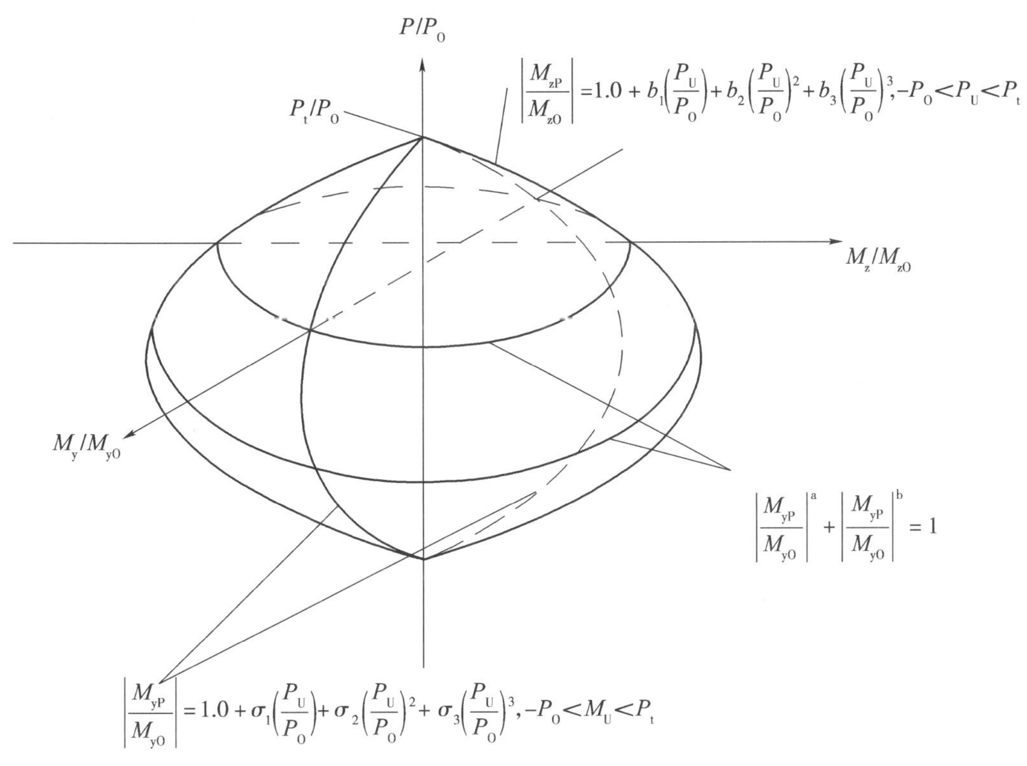

图 6-3 典型钢筋混凝土墩柱截面的屈服面

6.3.7 大量板式橡胶支座的试验结果表明，板式橡胶支座的滞回曲线呈狭长形，可以近似作线性处理。它的剪切刚度尽管随着最大剪应变的变化和频率的变化而变化，但对于特定频率和最大的剪切角而言，可以近似看作常数。因此，可将板式橡胶支座的恢复力模型取为直线型，近似按最大的剪切应变和频率来确定支座的刚度。

活动盆式支座的试验表明，当支座受到的剪力超过其临界滑动摩擦力 F_{max} 后，支座开始滑动，其动力滞回曲线可用类似于理想弹塑性材料的滞回曲线代表。

6.3.8 桥梁的下部结构处理通常为桥墩支承在刚性承台上，承台下采用群桩布置。因此，地震荷载作用下桥墩边界应是弹性约束，而不是刚性固结。精确对桩基边界条件进行模拟要涉及复杂的桩土相互作用问题。但分析表明，对于桥梁结构本身的分析问题，只要对边界作适当的模拟就能得到较满意的结果。考虑桩基边界条件最常用的处理方法是用承台底六个自由度的弹簧刚度模拟桩土相互作用（图 6-4），这六个弹簧刚度是竖向刚度、顺桥向和横桥向的抗推刚度、绕竖轴的抗转动刚度和绕两个水平轴的抗转动刚度。它们的计算方法与静力计算相同，所不同的仅是土的抗力取值比静力的大，一般取 $m_{动} = (2 \sim 3) m_{静}$。

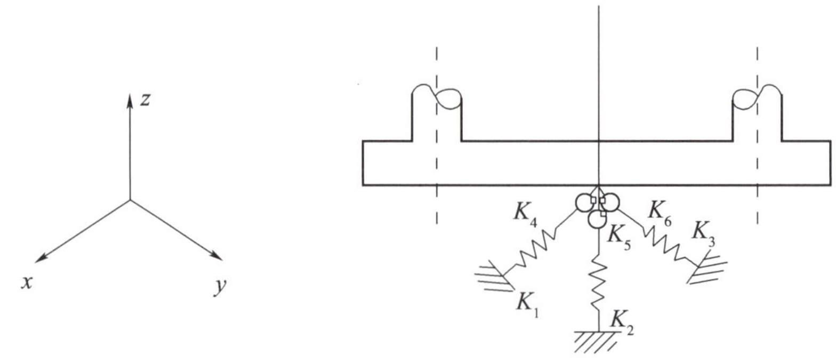

图6-4 考虑桩—土共同作用边界单元

注:K_1、K_2、K_3 分别为 x、y、z 方向上的拉压弹簧,K_4、K_5、K_6 分别为 x、y、z 方向的转动弹簧。

6.3.9 当桥墩的高度较高时,桥墩的几何非线性效应不能忽略。参考美国 CALTRANS 抗震设计规范,墩柱的计算长度与矩形截面短边尺寸之比大于 8 时,或墩柱的计算长度与圆形截面直径之比大于 7 时,应考虑 $P\text{-}\Delta$ 效应。

6.4 反应谱法

6.4.1～6.4.3 自 1943 年美国 M. Biot 提出反应谱的概念,以及 1948 年美国 G. W. Housner 提出基于反应谱理论的抗震计算动力法以来,反应谱分析方法在结构抗震领域得到不断完善与发展,并在工程实践中得到广泛应用。可是,由于反应谱仅能给出结构各振型反应的最大值,而丢失了与最大值有关且对振型组合又非常重要的信息,如最大值发生的时间及其正负号,使得各振型最大值的组合陷入困境。因此,对非规则桥梁和立交结构即使结构是处于线弹性状态,反应谱法仍不能完全代替时程分析方法。国外大多数桥梁抗震设计规范亦只适用于中等跨径的标准桥梁,且多数抗震设计规范中都指出对于复杂桥梁需要采用时程分析法进行特殊抗震设计。

国内外许多专家学者对反应谱法进行了大量研究,并提出了种种振型组合方法。其中最简单而又最普遍采用的是 SRSS(Square Root of Sum of Squares)法。该法对于频率分离较好的平面结构具有很好的精度,但是对于频率密集的空间结构,由于忽略了各振型间的耦合项,故时常过高或过低地估计结构的反应。1969 年,Rosenblueth 和 Elorduy 提出了 DSC(Double Sum Combination)法来考虑振型间的耦合项影响,之后 Humar 和 Gupta 又对 DSC 法进行了修正与完善。1981 年,E. L. Wilson 等人把地面运动视为一宽带、高斯平稳过程,根据随机过程理论导出了线性多自由度体系的振型组合规则 CQC 法,较好地考虑了频率接近时的振型相关性,克服了 SRSS 法的不足。

6.5 时程分析方法

6.5.2 一组时程分析结果只是结构随机响应的一个样本,不能反映结构响应的统计特性，因此，需要对多个样本的分析结果进行统计才能得到可靠的结果。本细则参照美国AASHTO规范给出了本规定。

6.6 功率谱法

6.6.1～6.6.3 随着现代工程科学的发展，基于随机振动理论的功率谱法日益引起了国内外工程界和学术界的高度重视并得以推广应用，在海洋平台设计上迄今已经成为不可或缺的重要设计工具（如挪威、美国、中国规范）。1995年颁布的欧洲桥梁抗震设计规范也已把功率谱法列为可供设计选用的三种方法之一。在我国，近十几年来也已经有许多工程专家在大跨度桥梁、水坝等的抗震计算中采用功率谱法来分析多点非一致地震激励问题，并取得了丰富的研究成果。

严格来讲，在整个地震过程中，地面运动呈现出明显的非平稳性，包括强度非平稳和频率分量非平稳两个方面。在产生加速度人工波时，常用一个慢变的确定性调制函数和一个高斯平稳随机过程的乘积形成伪非平稳过程，来代替真非平稳地震地面运动。

目前，在功率谱法的工程应用中，通常将地震作用近似为一有限持续时间的平稳高斯随机过程，用平稳功率谱密度函数来描述地震动的频域特性。这样描述的运动要和场地相关反应谱相协调。功率谱和反应谱之间的协调性为：有相同自振频率和阻尼比的单自由度体系的反应谱值和反应最大极值的平均值相等。在地震工程中，由于非平稳随机过程研究的困难，有时不得不使用地震动平稳性假定，如反应谱法CQC振型组合规则就是基于宽带、高斯平稳随机过程而得到的。

以地震动加速度平稳功率谱作为输入对结构进行随机振动分析，得到的结果则是结构反应（位移、内力等）的功率谱密度函数及方差等统计特征。由它们就可以方便地计算工程师所需要的结构最大响应，亦即和通常反应谱法所计算出的结果相当的量。响应的功率谱可以通过振型分析的方法计算。与反应谱法不同，这里各振型之间的关系可自动计及。响应的功率谱还可以通过用依赖频率的响应矩阵等其他方法获得。当需要考虑地面各支点的非一致运动，如行波效应（wave passage effect）、局部效应（local effect）、失相干效应（incoherence effect）时，由于这些效应由各支点处的功率谱密度和它们之间的相干函数描述比较方便，所以用功率谱法处理更为直接。与反应谱法相似，功率谱法不宜直接用于非线性分析，除非在一定条件下通过适当的力学处理。

6.7 规则桥梁计算

6.7.2、6.7.3 这两条引自《公路工程抗震设计规范》（JTJ 004—89）的有关规定，给出了规则梁桥桥墩顺桥向和横桥向水平地震力的计算公式。下面着重对桥墩结构计算简化图式作些说明。

当应用反应谱理论对桥梁进行抗震分析时，首先要确定结构的计算简图，然后才能通过动力学的分析方法求出结构的基本周期及振型，从而确定其地震力。因此，结构计算简图的确定,对于桥梁抗震验算有着十分重要的意义。众所周知,梁桥的下部构造是与上部构造互相连接的,在微幅振动的情况下,由于活动支座的摩阻力未被克服,上部构造对墩身的振动具有一定的约束作用,从而使桥墩刚度加大、周期变短。但上部构造的重量却又使桥墩周期加大。实测资料表明,在脉动试验或汽车通过等微幅振动情况下,这种上部构造的约束作用比较明显。但是,在强震作用下,桥梁上部构造的约束作用又将如何?由于缺乏大振幅试验的资料和强震观察数据,目前还不十分清楚,这是一个值得进一步研究解决的问题。但从国内几次强震的桥梁震害情况来看,支座均有不同程度的破坏,梁也有较大的纵、横向位移,似乎说明这种约束作用并不很大。日本《道路桥抗震设计规范》计算桥墩地震力时,均按单墩考虑,不考虑上部结构对下部结构的约束作用。因此,本细则在确定桥墩的结构计算简图时,均按单墩考虑。

(1)柔性墩

本细则在确定柔性桥墩的基本周期和地震作用时,均按单墩模型考虑。其理由如下:一是桥墩所支承的上部构造重量远较墩本身的重量为大,两者比值一般为5∶1～8∶1;二是它们均属柔性结构;三是计算简单,可满足工程上所要求的精度。

(2)多排桩基础上的桥墩及实体墩

由于公路桥梁墩身一般不高,因此在确定地震作用时一般只考虑第一阶振型,而将高阶振型贡献略去不计。考虑到墩身在横桥向和顺桥向的刚度不同,在计算时两个方向分别采用不同的振型。在确定了振型曲线X_{1i}之后(一般采用静力挠曲线),就可以应用能量法或代替质量法将墩身各分段重量核算到墩顶上。这样,在确定基本周期时,仍可以简化为单质点处理,避免了多质点体系基本周期计算十分繁杂的缺点。对于多排桩基础上的桥墩也可根据桥墩形式的不同情况,如属柔性墩时,也可按柔性墩处理。实体墩的结构计算简图也可采用自由端等代刚度的悬臂杆,其基本周期简化为单质点体系求得。在确定地震荷载时,将墩身分为若干分段按多质点体系计算。

6.7.4、6.7.5 这两条引自《公路工程抗震设计规范》(JTJ 004—89)的有关规定。鉴于梁式桥所采用橡胶支座形式不同(有板式橡胶支座、盆式支座等),其相应的结构计算与简图也将各异,因此本条文按不同支座情况及结构形式给出了顺桥向地震和横桥向作用的计算方法。

对全联均采用板式橡胶支座的连续梁桥、桥面连续或顺桥向具有足够强度的抗震联结措施(即纵向联结措施的强度大于支座抗剪极限强度)的简支梁桥,假定地震随各墩墩顶的振动位移相等,于是全桥可简化为单墩计算。计算简图如附录A中图A.2.1所示。

上部结构对支座顶面的地震作用,则可仅取第一阶振型计算,并按刚度分配到各墩支座,即条文中的式(6.7.4-1)。

桥墩本身由地震引起的地震作用,应分别依桥墩形式按单质点或多质点计算。对于采用橡胶支座的简支梁桥,地震作用力应按多质点体系计算,其结构计算简图可采用条文中图6.7.4。

6.7.6 国内外大量的理论分析表明：当结构的自振周期大于反应谱的特征周期后，对于规则桥梁可采用等位移原理，即对于相同边界条件，地震作用下，按弹性分析与弹塑性分析（非线性分析）得出的位移近似相等。但当结构的自振周期较短时，采用等位移原理得到的位移偏小，可以通过系数修正。同济大学参考国外的研究成果，通过大量的参数分析，给出了相关的修正系数。

6.8 能力保护构件计算

6.8.1、6.8.2 钢筋混凝土构件的剪切破坏属于脆性破坏，是一种危险的破坏模式；对于抗震结构来说，墩柱剪切破坏还会大大降低结构的延性能力。因此，为了保证钢筋混凝土墩柱不发生剪切破坏，应采用能力保护设计原则进行延性墩柱的抗剪设计。根据能力保护设计原则，墩柱的剪切强度应大于墩柱可能在地震中承受的最大剪力（对应于墩柱塑性铰处截面可能达到的最大弯矩承载能力）。因此，进行钢筋混凝土延性墩柱的抗剪验算时，墩柱的纵向和横向剪力设计值 V_{c0} 应根据可能出现塑性铰处按实配钢筋，并采用材料强度标准值和轴压力计算出的弯矩承载能力，考虑超强系数 ϕ^0 来计算。

通过对大量震害和试验结果的观察发现，墩柱的实际抗弯承载能力要大于其设计承载能力，这种现象称为墩柱抗弯超强现象（Overstrength）。引起墩柱抗弯超强的原因很多，但最主要的原因是钢筋在屈服后的极限强度比其屈服强度大许多和钢筋实际屈服强度又比设计强度大很多。如果墩柱塑性铰的抗弯承载能力出现很大的超强，所能承受的地震力超过了能力保护构件，则将导致能力保护构件先失效，预设的塑性铰不能产生，桥梁发生脆性破坏。

为了保证预期出现弯曲塑性铰的构件不发生脆性的破坏模式（如剪切破坏、黏结破坏等），并保证脆性构件和不宜用于耗能的构件（能力保护构件）处于弹性反应范围，在确定它们的弯矩、剪力设计值时，采用墩柱抗弯超强系数 ϕ^0 来考虑超强现象。各国规范对 ϕ^0 取值的差异较大，对钢筋混凝土结构，欧洲规范（Eurocode 8：Part2，1998 年）中 ϕ^0 取值为 1.375，美国 AASHTO 规范（2004 年版）取值为 1.25，而《美国加州抗震设计准则》（2000 年版）ϕ^0 取值为 1.2。同济大学结合我国《公路钢筋混凝土及预应力混凝土桥涵设计规范》对超强系的取值也进行了研究，结果表明：当轴压比大于 0.2 时，超强系数随轴压比的增加而增加，当轴压比小于 0.2 时，超强系数在 1.1 ~ 1.3 之间。这里建议 ϕ^0 取1.2。

对于截面尺寸较大的桥墩，在 E2 地震作用下可能不会发生屈服，这样采用能力保护方法计算过于保守，可直接采用 E2 地震作用计算结果。

6.8.3、6.8.4 在双柱墩和多柱墩桥的抗震设计中，钢筋混凝土墩柱作为延性构件产生弹塑性变形耗散地震能量，而盖梁、基础等作为能力保护构件保持弹性。因此，应采用能力保护设计原则进行横梁的设计。根据能力保护设计原则，盖梁的抗弯强度应大于盖梁可能在地震中承受的最大、最小弯矩（对应于墩柱塑性铰处截面可能达到的正、负弯矩承载能力）。进行盖梁验算时，首先要计算出盖梁可能承受的最大、最小弯矩作为设计弯矩

(图6-5),然后进行验算。

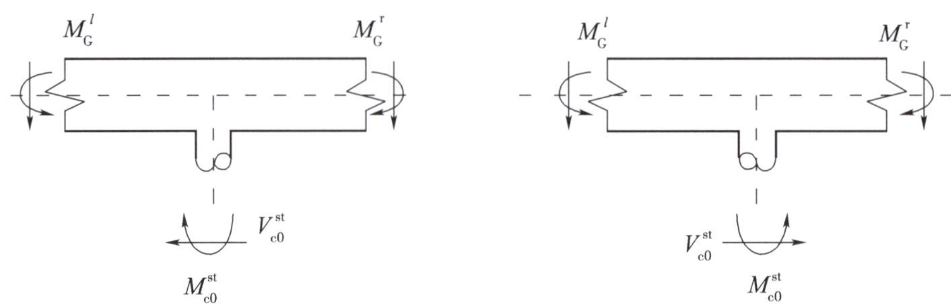

图6-5　盖梁设计弯矩计算示意图

图中 $M_{c0}^{st}=\phi^0 M_{hc}^{st}$,$M_{hc}^{st}$为墩柱顶截面按实配钢筋,采用材料强度标准值和轴压力计算出的正截面抗弯承载力所对应的弯矩值。

6.8.5　由于在地震过程中,如基础发生损伤,难以发现并且维修困难,因此要求采用能力保护设计原则进行基础计算和设计,以保证基础在达到它预期的强度之前,墩柱已超过其弹性反应范围。梁桥基础沿横桥向、顺桥向的弯矩、剪力和轴力设计值应根据墩柱底部可能出现塑性铰处的弯矩承载能力(考虑超强系数 ϕ^0)、剪力设计值和相应的墩柱轴力来计算(图6-6),在计算这些设计值时应和自重产生的内力组合。

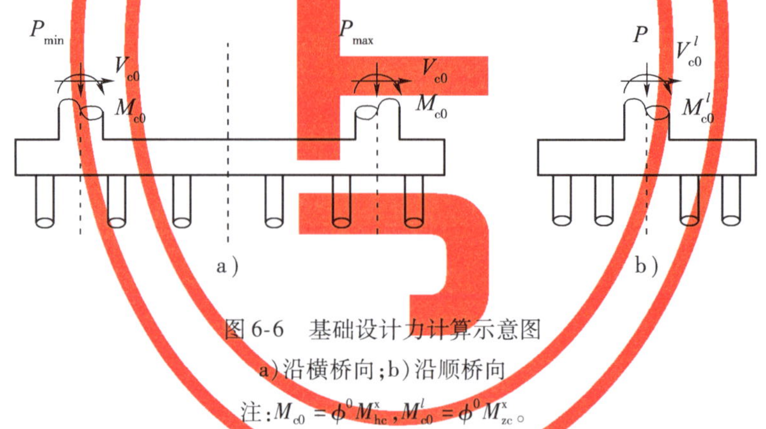

图6-6　基础设计力计算示意图

a)沿横桥向;b)沿顺桥向

注:$M_{c0}=\phi^0 M_{hc}^x$,$M_{c0}^l=\phi^0 M_{zc}^x$。

图6-6中,M_{zc}^x、M_{hc}^x分别为墩柱底截面按实配钢筋,采用材料强度标准值和轴压力计算出沿顺桥向和横桥向的正截面抗弯承载力所对应的弯矩值;V_{c0}、V_{c0}^l分别为墩柱底部塑性铰沿横桥向和顺桥向的剪力设计值;P_{min}、P_{max}为沿横桥向相应墩柱下端截面出现塑性铰时墩柱的最大和最小轴力。

7 强度与变形验算

7.1 一般规定

7.1.1 本条规定的目的是，为了满足当遭受重现期较短的 E1 地震作用时，各类桥梁一般不受损坏或不需修复可继续使用；当遭受重现期较长的 E2 地震作用时，A 类桥梁一般不受损坏或不需修复可继续使用，B、C 类桥梁应保证不致倒塌或产生严重结构损伤，经加固修复后仍可继续使用的抗震设防目标。

7.1.2 为了使桥梁的延性构件在地震作用下发挥延性，防止结构脆性破坏，盖梁及梁体在地震作用下不应损伤，盖梁、梁体与墩柱的抗剪按能力保护设计原则设计，而桥梁基础一旦发生损伤后很难发现且修复也应按能力保护设计原则设计。这些构件在 E2 地震作用下应基本不发生损伤。

7.1.3 混凝土拱桥的主拱圈是拱桥的主要受力构件，由于其承受很大的轴力，延性能力非常小，为了保证其抗震安全，要求在 E2 地震作用下基本不发生损伤；典型系杆拱桥的桥墩、基础的受力特性与梁式桥接近，因此，可按同类梁式桥桥墩的要求进行抗震设计。

7.1.4 由于圬工拱桥、重力式桥墩和桥台一般为混凝土结构，结构尺寸大、无延性，因此可只考虑进行 E1 地震作用下的抗震设计。D 类桥梁是指位于三、四级公路上的抗震次要的桥梁，也只考虑进行 E1 地震作用下的抗震设计。

7.2 D 类桥梁、圬工拱桥、重力式桥墩和桥台强度验算

7.2.1、7.2.2 由于圬工拱桥、重力式桥墩和桥台一般为混凝土结构，结构尺寸大、无延性，考虑到与《公路工程抗震设计规范》（JTJ 004—89）相一致，只要求结构在 E1 地震作用下基本不损伤；D 类桥梁是指位于三、四级公路上的抗震次要的桥梁，也只考虑进行 E1 地震作用下的抗震验算。因此根据抗震设防要求，在 E1 地震作用下要求结构保持弹性，基本无损伤；E1 地震作用效应和自重荷载效应组合后，按现行的公路桥涵设计规范有关规定进行验算。

7.2.3 对于 D 类桥梁、圬工拱桥、重力式桥墩和桥台只要求进行 E1 地震作用下的地

震验算,但对于支座如只进行 E1 地震作用下的验算,可能导致在 E2 地震作用下支座破坏、造成落梁,因此,对于支座需要考虑 E2 地震作用下不破坏。但为了简化计算,在进行 D 类桥梁、圬工拱桥、重力式桥墩等的支座抗震验算时,虽然只进行 E1 地震作用下的地震反应分析,但采用一个支座调整系数 α_d 来考虑 E2 地震作用效应。通过大量分析,建议取 $\alpha_d = 2.3$。

7.3 B 类、C 类桥梁抗震强度验算

7.3.1 根据两水平抗震设防要求,在 E1 地震作用下要求结构保持弹性,基本无损伤;E1 地震作用效应和自重荷载效应组合后,按现行的公路桥涵设计规范有关偏心受压构件的规定进行验算。

7.3.2 地震作用下,矮墩的主要破坏模式为剪切破坏,为脆性破坏,没有延性。因此 E2 地震作用效应和永久荷载效应组合后,应按现行的公路桥涵设计规范相应的规定验算桥墩的强度。

7.3.3 主拱圈是拱桥的主要受力构件,由于其承受很大的轴力,延性能力非常小,为了保证其抗震安全,要求在 E2 地震作用下基本不发生损伤,应按现行的公路桥涵设计规范相应的规定验算拱桥主拱圈、联结系和桥面系的强度。

7.3.4 地震中大量钢筋混凝土墩柱的剪切破坏表明:在墩柱塑性铰区域由于弯曲延性增加会使混凝土所提供的抗剪强度降低,为此,各国对墩柱塑性铰区域的抗剪强度进行了许多研究。美国 ACI—319—89 要求在端部塑性铰区域当轴压比小于 0.05 时,不考虑混凝土的抗剪能力;新西兰规范 NZS—3101 中规定当轴压比小于 0.1 时,不考虑混凝土的抗剪能力。而我国《公路工程抗震设计规范》(JTJ 004—89)没有对地震荷载作用下的钢筋混凝土墩柱抗剪设计作出特别的规定,工程设计中缺乏有效的依据,只能套用普通设计中采用的斜截面强度设计公式来进行设计和校核,存在较大缺陷。因此,采用《美国加州抗震设计准则》(2000 年版)的抗剪计算公式,但对其混凝土提供抗剪能力计算公式进行了简化,具体如下。

《美国加州抗震设计准则》(2000 年版)的抗剪计算公式中塑性铰区域内混凝土提供的名义抗剪应力为:

$$v_c = c_1 c_2 \sqrt{f'_c} \leqslant 0.33\sqrt{f'_c} \quad (\text{MPa}) \tag{7-1}$$

式中:f'_c——混凝土圆柱体抗压强度;

c_1、c_2——系数,按下式计算;

$$c_1 = 0.025 \leqslant \frac{\rho_s f_{yh}}{12.5} + 0.305 - 0.083\mu_d \leqslant 0.25 \tag{7-2}$$

$$c_2 = 1 + \frac{P_c}{13.8A_g} \leqslant 1.5 \tag{7-3}$$

μ_d——结构的位移延性。

为了简化计算,保守地取 $c_1 = 0.025$,$c_2 = 1.0$。

7.3.5、7.3.6 桥梁基础、盖梁以及梁体为能力保护构件,墩柱的抗剪按能力保护原则设计。为了保证其抗震安全,要求其在 E2 地震作用下基本不发生损伤,可参照现行公路桥涵设计规范相关规定进行验算。

7.4 B 类、C 类桥梁墩柱的变形验算

7.4.2、7.4.3 假设截面的极限曲率 ϕ_u 和屈服曲率 ϕ_y 在塑性铰范围内均匀分部(图 7-1),塑性铰的长度为 L_p,则塑性铰的极限塑性转角为:

$$\theta_u = (\phi_u - \phi_y)L_p/K \tag{7-4}$$

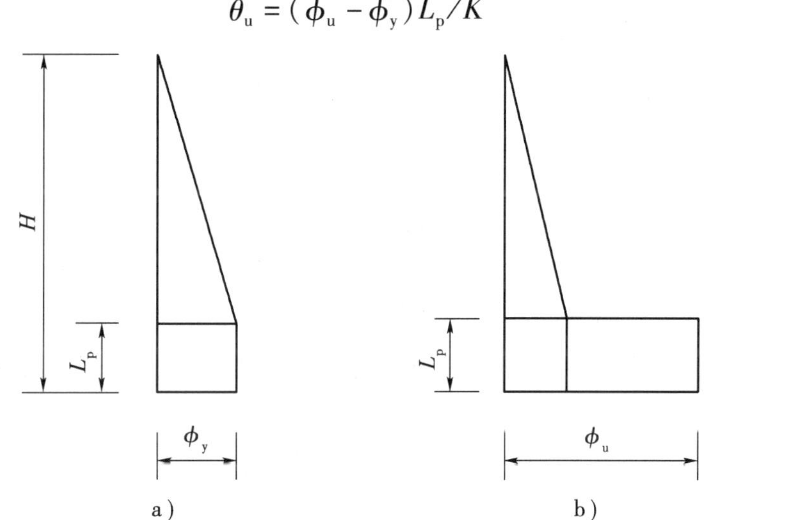

图 7-1 曲率分布模式

a)相应于钢筋屈服;b)相应于极限曲率

等效塑性铰长度 L_p 同塑性变形的发展和极限压应变有很大的关系,由于试验结果离散性很大,目前主要用经验公式来确定。欧洲规范和美国加州抗震设计规范规定取以下两式计算的较小值:

$$L_p = 0.08H + 0.022f_y d_s \geqslant 0.044f_y d_s \quad (\text{cm}) \tag{7-5}$$

$$L_p = \frac{2}{3}b \tag{7-6}$$

7.4.4、7.4.5 钢筋混凝土延性构件的塑性弯曲能力可以根据材料的特性,通过截面的弯矩—曲率(M-φ)分析来得到。截面的弯矩—曲率(M-φ)关系曲线,可采用条带法(图 7-2)计算,其基本假定为:

(1)平截面假定。

(2)剪切应变的影响忽略不计。

(3)钢筋和混凝土之间无滑移现象。

(4)采用前述的钢筋和混凝土的应力—应变关系。

用条带法求弯矩—曲率(M-φ)关系时有两种方法,即逐级加荷载法和逐级加变形法。逐级加荷载法的主要问题是每改变一次荷载,截面曲率和应变都要同时改变,而且加载到最大弯矩之后,曲线进入软化段,很难确定相应的曲率和应变,所以一般采用逐级加变形法(图7-2)。

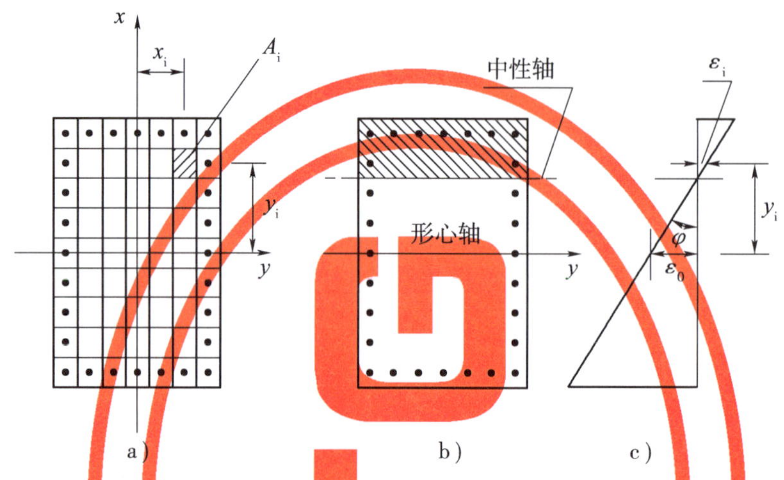

图7-2 计算简图

约束混凝土的极限压应变 ε_{cu},定义为横向约束箍筋开始发生断裂时的混凝土压应变,可由横向约束钢筋达到最大应力时所释放的总应变能与混凝土由于横向钢筋的约束作用而吸收的能量相等的条件进行推导。美国 Mander 给出的混凝土极限压应变的保守估计为:

$$\varepsilon_{cu} = 0.004 + \frac{1.4\rho_s f_{kh} \varepsilon_{su}^{R}}{f'_{cc}} \tag{7-7}$$

7.4.6~7.4.8 对于规则桥梁的单柱墩,由于其响应主要由第一阶振型控制,在E2地震作用下,墩顶的容许位移可以根据塑性铰的塑性转动能力,按第7.4.7条计算得出,参考美国加州抗震设计规范,可验算墩顶的位移。对于双柱墩横桥向,由于很难根据塑性铰转动能力直接给出计算墩顶容许位移的计算公式,建议采用非线性静力分析方法(Push-over)计算墩顶容许位移。

8 延性构造细节设计

8.1 墩柱结构构造措施

8.1.1 横向钢筋在桥墩柱中的功能主要有以下三个方面:(1)用于约束塑性铰区域内混凝土,提高混凝土的抗压强度和延性;(2)提供抗剪能力;(3)防止纵向钢筋压曲。在处理横向钢筋的细部构造时需特别注意。

由于表层混凝土保护层不受横向钢筋约束,在地震作用下会剥落,这层混凝土不能为横向钢筋提供锚固。因此,所有箍筋都应采用等强度焊接来闭合,或者在端部弯过纵向钢筋到混凝土核心内,角度至少为135°。

为了防止纵向受压钢筋的屈曲,矩形箍筋和螺旋箍筋的间距不应过大。Priestley 通过分析提出,建议箍筋之间的间距应满足:

$$S_k \leqslant \left[3 + 6\left(\frac{f_u}{f_y}\right)\right] d_{bl} \tag{8-1}$$

式中:f_y、f_u——纵筋向钢筋的屈服强度和强化强度;

d_{bl}——纵筋的直径。

8.1.2 各国抗震设计规范对塑性铰区域横向钢筋的最小配筋率都进行了具体规定。表8-1为美国AASHTO范规、欧洲规范Eurocode 8、《公路工程抗震设计规范》(JTJ 004—89)及《建筑抗震设计规范》(GB 50011—2001)对横向钢筋最小配筋率的具体规定。同济大学通过大量的试验和分析,结合我国的实际情况,对横向钢筋最小配筋率进行了研究,并提出了相应的计算公式:

圆形截面

$$\rho_{s,\min} = [0.14\eta_k + 5.84(\eta_k - 0.1)(\rho_t - 0.01) + 0.028]\frac{f'_c}{f_{yh}} \geqslant 0.004 \tag{8-2}$$

矩形截面

$$\rho_{s,\min} = [0.1\eta_k + 4.17(\eta_k - 0.1)(\rho_t - 0.01) + 0.02]\frac{f'_c}{f_{yh}} \geqslant 0.004 \tag{8-3}$$

式中符号意义见本细则第8.1.2条。

若假定钢筋混凝土墩柱为矩形截面,混凝土的强度等于C30,箍筋的屈服应力为240MPa,保护层混凝土厚度与截面尺寸之比为1/20,则各国规范规定的最小配筋率和轴压比的关系如图8-1所示。

表 8-1 各国规范对横向构造的规定

规范名称	螺旋箍筋或圆形箍筋	矩形箍筋
美国 AASHTO 范规	$\rho_v=0.45\frac{f'_c}{f_{yh}}\left(\frac{A_g}{A_{he}}-1\right)$或 $\rho_v=0.12\frac{f'_c}{f_{yh}}$	$\rho_s=0.3\frac{f'_c}{f_{yh}}\left(\frac{A_g}{A_{he}}-1\right)$或$\rho_s=0.12\frac{f'_c}{f_{yh}}$
欧洲规范 Eurocode 8	$\omega_{wd}\geq1.90(0.15+0.01\mu_\phi)\frac{A_g}{A_{he}}(\eta_k-0.08)$或$\omega_{wd}\geq0.18$	$\omega_{wd}\geq1.30(0.15+0.01\mu_\phi)\frac{A_g}{A_{he}}(\eta_k-0.08)$或$\omega_{wd}\geq0.12$
《公路工程抗震设计规范》(JTJ 004—89)		顺桥和横桥方向含箍率$\rho_s=0.3\%$
《建筑抗震设计规范》(GB 50011—2001)	$\rho_v=\lambda_v\frac{f'_c}{f_{yh}}$	$\rho_v=\lambda_v\frac{f'_c}{f_{yh}}$

注:A_g、A_{he}-墩柱横截面的面积和核心混凝土面积(按箍筋外围边长计算);

f'_c-混凝土强度;

f_{yh}-箍筋抗拉强度设计值;

ρ_s-对于矩形截面为截面计算方向的含箍率,对于圆形截面为截面螺旋箍筋的体积配箍率;

λ_v-最小配箍特征值;

ω_{wd}-力学含箍率,$\omega_{wd}=\rho_s f'_c/f_{yh}$;

μ_ϕ-截面曲率延性;

η_k-截面轴压比。

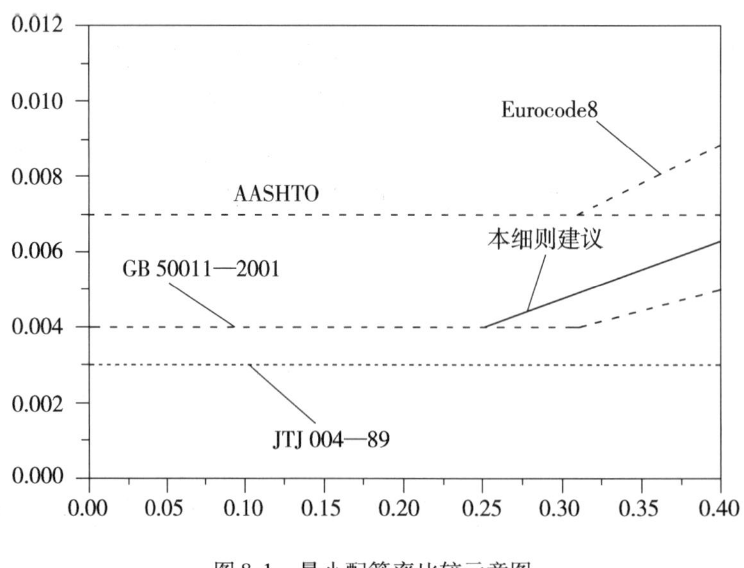

图 8-1 最小配筋率比较示意图

8.1.4、8.1.5 试验研究表明:沿截面布置若干适当分布的纵筋,纵筋和箍筋形成一整体骨架(图 8-2),当混凝土纵向受压、横向膨胀时,纵向钢筋也会受到混凝土的压力,这时箍筋给予纵向钢筋约束作用。因此,为了确保对核心混凝土的约束作用,墩柱的纵向配筋宜对称配筋,纵向钢筋之间的距离不应超过20cm,至少每隔一根宜用箍筋或拉筋固定。

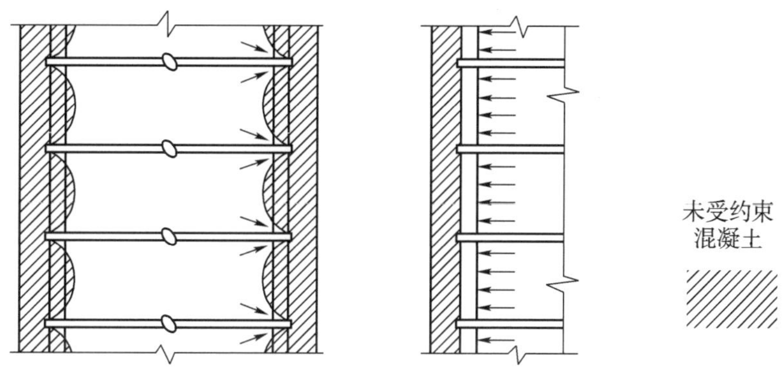

图8-2　柱中横向和纵向钢筋的约束作用

纵向钢筋对约束混凝土墩柱的延性有较大影响,因此,延性墩柱中纵向钢筋含量不应太低。重庆交通科研设计院所做的大量理论计算和试验研究表明,如果纵向钢筋含量低,即使箍筋含量较低,墩柱也会表现出良好的延性能力,但此时结构在地震作用下对延性的需求也会很大,因此,这种情况对结构抗震也是不利的。但纵向钢筋的含量太高,不利施工,另外,纵向钢筋含量过高还会影响墩柱的延性,所以纵向钢筋的含量应有一上限。各国抗震设计规范都对墩柱纵向最小、最大配筋率进行了规定,其中,美国AASHTO规范(2004年版)建议的纵筋配筋率范围为0.01～0.08;我国《建筑抗震设计规范》(GB 50011—2001)建议为0.008～0.004;我国《公路工程抗震设计规范》(JTJ 004—89)建议的最小配筋率为0.004,对最大配筋率没有规定。根据我国桥梁结构的具体情况,本细则建议墩柱纵向钢筋的配筋率范围0.006～0.04。

8.1.7　为了保证在地震荷载作用下,纵向钢筋不发生黏结破坏,墩柱的纵筋应尽可能地延伸至盖梁和承台的另一侧面,纵筋的锚固和搭接长度应在按现行公路桥涵设计规范的要求基础上增加$10d_s$(d_s为纵筋的直径),不应在塑性铰区域进行纵筋的搭接。

8.1.8、8.1.9　这两条引自《公路工程抗震设计规范》(JTJ 004—89)的有关规定。

9 特殊桥梁抗震设计

9.1 一般规定

9.1.1、9.1.2 近年来,我国修建了大量斜拉桥、悬索桥和单跨跨径150m以上的梁桥和拱桥。但由于目前这些桥型的抗震研究工作还不够充分,因此,本细则只给出一些抗震设计原则。

9.1.3 国内外的研究表明,地面运动的空间变化特性,包括行波效应、部分相干效应以及局部场地效应,对特大跨度桥梁的抗震分析影响较大,而且也非常复杂,对不同类型的桥梁可能得到完全不同的结果,因此,有条件时可进行多点非一致激励的抗震分析。

9.1.4 在地震时,上部结构的惯性力通过基础反馈给地基,使地基产生变形。在较硬的土层中,这种变形远小于地震波产生的变形。因此,当桥梁建在坚硬的地基上时,往往用刚性地基模型进行抗震分析,这种假设也是基本上符合实际的。但当桥梁建在软弱土层上时,地基的变形会使桥梁上部结构产生移动和摆动,从而导致上部结构的实际运动和按刚性地基模型假设进行抗震分析的计算结果之间有较大的差异。这是由地基和结构的相互作用引起的。

桩基础是建于软弱土层中的桥梁最常用的基础形式。桩—土—结构动力相互作用使结构的动力特性、阻尼和地震反应发生改变,而忽略这种改变的抗震分析可能导致较大的误差,并导致不安全的抗震设计。因此,进行桩基础特殊桥梁的抗震分析时,应考虑桩—土—结构动力相互作用。

9.2 抗震概念设计

9.2.1 一个良好的抗震结构体系应能使各部分结构合理地分担地震力,这样,各部分结构都能充分发挥自身的抗震能力,对保证桥梁结构的整体抗震性能比较有利。采用对称的结构形式是有利于各部分结构合理分担地震力的一个措施。

特殊桥梁的大部分质量集中在上部结构,因而地震惯性力也主要集中在上部结构。上部结构的地震惯性力一般通过上、下部结构之间的连接构造(支座等)传递给墩柱,再由墩柱传递给基础,进而传递给地基承受。一般来说,上部结构的设计主要由恒载、活载、温度荷载等控制。而墩柱在地震作用下将会受到较大的剪力和弯矩作用,一般由地震反应控制。因此必须很慎重地设置上、下部结构之间的连接构造。均匀对称地设置上、下部结构的连接构造可以使各下部结构均匀地分担地震力,有利于提高桥梁结构的整体抗震性能。

9.2.2 斜拉桥的抗震性能主要取决于结构体系。在地震作用下,塔、梁固结体系斜拉桥的塔柱内力与所有其他体系相比是最大的,在烈度较高的地区要避免采用。飘浮体系的塔柱内力反应较小,因此在烈度较高的地区应优先考虑,但飘浮体系可能导致过大的位移反应,如梁端位移反应过大,则伸缩缝的设置就比较困难,还可能会引起碰撞。这时,可在塔与梁之间增设弹性约束装置或阻尼约束装置,形成塔、梁弹性约束体系或阻尼约束体系,以有效降低地震位移反应。

9.2.3 拱桥的主拱圈在强烈地震作用下,不仅在拱平面内受弯,而且还在拱平面外受扭,当地基由于强烈地震产生不均匀沉陷时,主拱圈还会发生斜向扭转和斜向剪切。因此,大跨径拱桥的主拱圈宜采用抗扭刚度较大、整体性较好的断面形式。一般以采用箱形拱、板拱等闭合式断面为宜,不宜采用开口断面。当采用肋拱时,不宜采用石肋或混凝土肋,宜采用钢筋混凝土肋,并加强拱肋之间的横向联系,以提高主拱圈的横向刚度和整体性。

在拱平面内,从拱桥的振动特性看,拱圈与拱上建筑之间振动变形的不协调性将更加突出。为了消除或减少这种振动变形的不协调,宜在拱上立柱或立墙端设铰,允许这些部位有一些转动或变形。

9.2.4 在强烈地震作用下,为了保证大跨度拱桥不发生侧向失稳破坏,应采取提高拱桥整体性和稳定性的措施。如下承式和中承式拱桥设置风撑,并加强端横梁刚度;上承式拱桥加强拱脚部位的横向联系。

9.3 建模与分析原则

9.3.1 特殊桥梁的结构构造比较复杂,因此地震反应也比较复杂,如高阶振型的影响不可忽略,多点非一致激励(包括行波效应)的影响可能较大等等。在地震中较易遭受破坏的细部结构,其地震反应往往是由高阶振型的贡献起控制作用的。在拱桥的地震反应中,多点非一致激励(包括行波效应)的影响相当大。

反应谱法概念简单、计算方便,可以用较少的计算量获得结构的最大反应值。但是,反应谱法是线弹性分析方法,不能考虑各种非线性因素的影响,当非线性因素的影响显著时,反应谱法可能得不到正确的结果,或判断不出结构真正的薄弱部位。因此,反应谱法只能作为一种估算方法,或一种校核手段。

国内外大多数工程抗震设计规范中都指出,对于复杂桥梁结构的地震反应分析,应采用动态时程分析法。动态时程分析法可以精细地考虑桩—土—结构相互作用、地震动的空间变化的影响、结构的各种非线性因素(包括几何、材料、边界连接条件非线性)以及分块阻尼等问题。所以,时程分析法一般认为是精细的计算方法,但时程分析法的结果,依赖于地震输入,如地震输入选择不好,也会导致结果偏小。目前,关于时程分析的选波原则和选用的波的条数等问题,国内外都还没有形成统一的认识。因此,时程分析的结果必须与反应谱法相互校核,并且时程分析结果应不小于反应谱法分析结果的80%。

9.3.2 结构的动力反应与结构的自振周期和地震时程输入的频谱成分关系非常密切。特殊桥梁大多是柔性结构,第一阶振型的周期往往较长。因此特殊桥梁的地震反应中,第一阶振型的贡献非常重要,因此提供的地震加速度时程或反应谱曲线的频谱应包括含第一阶自振周期在内的长周期成分。

9.3.3 桥梁结构的刚度和质量分布,以及边界连接条件决定了结构本身的动力特性。因此,在大跨度桥梁的地震反应分析中,为了真实地模拟桥梁结构的力学特性,所建立的计算模型必须如实地反映结构的刚度和质量分布,以及边界连接条件。建立特殊桥梁的计算模型时,应满足以下要求:

(1)特殊桥梁结构主桥一般通过过渡孔与中小跨度引桥相连,因此主桥与引桥是互相影响的;另外,由于大跨度桥梁结构主桥与中小跨度引桥的动力特性差异,会使主、引桥在连接处产生较大的相对位移或支座损坏,从而导致落梁震害。因而,在结构计算分析时,必须建立主桥与相邻引桥孔(联)耦联的计算模型。另外,特殊桥梁的空间性决定了其动力特性和地震反应的空间性,因而必须建立三维空间计算模型。

(2)特殊桥梁的几何非线性主要来自三个方面:①(斜拉桥、悬索桥的)缆索垂度效应,一般用等效弹性模量模拟;②梁柱效应,即梁柱单元轴向变形和弯曲变形的耦合作用,一般引入几何刚度矩阵来模拟,只考虑轴力对弯曲刚度的影响;③大位移引起的几何形状变化。但研究表明:大位移引起的几何形状变化对结构地震后影响较小,一般可忽略。

(3)边界连接条件应根据具体情况进行模拟。反应谱法只能用于线性分析,因此边界条件只能采用主从关系粗略模拟;而时程分析法可以精细地考虑各种非线性因素,因此建立计算模型时可真实地模拟结构的边界条件和墩柱的弹塑性性质。

9.3.4 当考虑地震动空间变化的影响采用反应谱分析时,欧洲规范对两个水平方向和竖向分量采用与场地相关的加权平均反应谱。考虑到加权平均反应谱计算相当复杂,因此,本细则建议偏安全地采用包络反应谱计算。当采用功率谱法计算时,可直接考虑多点非一致输入。

在特殊桥梁的地震反应中,高阶振型的影响比较显著。因此,采用反应谱法进行地震反应分析时,应充分考虑高阶振型的影响,即所计算的振型阶数要包括所有贡献较大的振型。

由于反应谱法仅能给出结构各振型反应的最大值,而丢失了与最大值有关且对振型组合又非常重要的信息,如最大值发生的时间及其正负号,使得各振型最大值的组合陷入困境。对此,国内外许多专家学者进行了研究,并提出了种种振型组合方法。其中最简单而又最普遍采用的是SRSS(Square Root of Sum of Squares)法。该法对于频率分离较好的平面结构具有很好的精度,但是对频率密集的空间结构,由于忽略了各振型间的耦合项,故时常过高或过低地估计结构的反应。1981年,E. L. Wilson等人把地面运动视为一宽带、高斯平稳过程,根据随机过程理论导出了线性多自由度体系的振型组合规则CQC法,较好地考虑了频率接近时的振型相关性,克服了SRSS法的不足。目前,CQC法以其严密的理论推导和较好的精度在桥梁结构的反应谱分析中得到越来越多的应用,而且已被世界各国的桥梁抗震设计规范所采用。因此,本细则建议采用较为成熟的CQC法进行振型组合。

9.3.5 时程分析的结果依赖于地震动输入,如地震动输入选择不好,则可能导致结果偏小。欧洲规范和美国AASHTO规范均规定,在时程分析时,采用的地震动输入时程应和设计反应谱兼容。同时美国AASHTO规范规定,采用3组地震波参与计算时取反应的最大值验算,采用7组波参与计算时取反应的平均值验算。本细则给出了和美国AASHTO规范相同的规定。

9.4 性能要求与抗震验算

9.4.1、9.4.2 为了实现第9.4.1条和第9.4.2条规定的特殊桥梁性能目标,可采用以下抗震验算方法:首先,将桥塔和桩截面划分为纤维单元(图9-1),采用实际的钢筋和混凝土应力—应变关系分别模拟钢筋和混凝土单元。其次,采用数值积分法进行截面弯矩—曲率分析(考虑相应的轴力),得到图9-2所示的截面弯矩—曲率曲线。图9-2中,M_y为截面最外层钢筋首次屈服时对应的初始屈服弯矩;M_u为截面极限弯矩;M_{eq}为截面等效抗弯屈服弯矩,即把实际弯矩—曲率曲线等效为图中所示弹塑性双线性恢复力模型时的等效抗弯屈服弯矩。

图9-1 截面纤维单元划分图

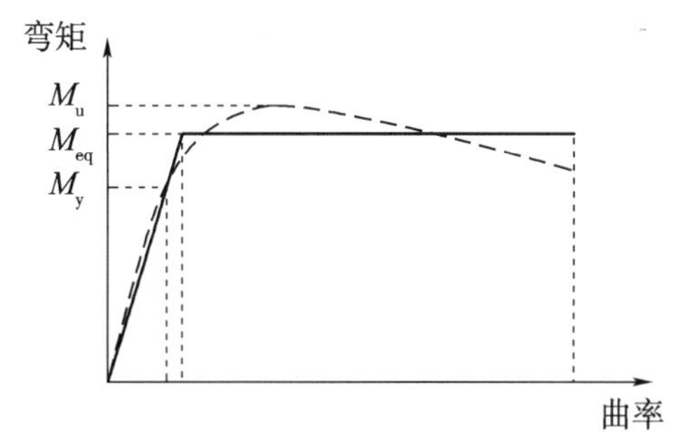

图9-2 弯矩—曲率曲线

(1)在E1地震作用下,桥塔截面和桩基截面要求其在地震作用下的截面弯矩应小于截面初始屈服弯矩(考虑轴力)M_y。由于M_y为截面最外层钢筋首次屈服时对应的初始屈服弯矩,因此当地震反应弯矩小于初始屈服弯矩时,整个截面保持在弹性。研究表明:截面的裂缝宽度不会超过容许值,结构基本无损伤,满足结构在弹性范围工作的性能目标。

(2)在E2地震作用下,桥塔截面和桩基截面要求其在地震作用下的截面弯矩应小于截面等效抗弯屈服弯矩 M_{eq}(考虑轴力)。M_{eq} 是把实际弯矩—曲率曲线等效为图中所示理想弹塑性双线性模型时得到的等效抗弯屈服弯矩。从理想弹塑性双线性模型看,当地震反应小于等效抗弯屈服弯矩 M_{eq} 时,结构整体反应还在弹性范围。实际上,在地震过程中,对应于等效抗弯屈服弯矩 M_{eq},截面上还是有部分钢筋进入了屈服。研究表明:截面的裂缝宽度可能会超过容许值,但混凝土保护层还是完好(对应保护层损伤的弯矩为截面极限弯矩 M_u,$M_{eq} \leqslant M_u$)。由于地震过程的持续时间比较短,地震后,由于结构自重,地震过程开展的裂缝一般可以闭合,不影响使用,满足E2地震作用下局部可发生可修复的损伤,地震发生后,基本不影响车辆通行的性能目标要求。

(3)在E2地震作用下,边墩等桥梁结构中比较容易修复的构件和引桥桥墩,按延性抗震设计,满足不倒塌的性能目标要求。

9.5 抗震措施

9.5.1 在地震时,为保护梁体与塔身不发生刚性碰撞,宜在塔梁之间设置专用橡胶缓冲装置。

9.5.2 由于特殊桥梁主桥与中小跨度引桥的动力特性差异,会使主、引桥的连接处产生较大的相对位移,从而导致落梁震害。在最近几次大地震中,就出现了几座大跨度桥梁过渡孔落梁的情况。为了防止因相对位移过大而导致落梁震害,必须加宽该处盖台的宽度,并采取适当的防落梁措施。

9.5.3 特殊桥梁在地震作用下,梁端一般会产生较大的位移。因此选用梁端伸缩缝时,应考虑地震作用下的梁端位移。如果所选用的伸缩缝的伸缩量不够,在地震作用下,主桥和引桥的主梁会发生碰撞,危及桥梁安全。

10　桥梁减隔震设计

10.1　一般规定

10.1.2、**10.1.3**　在桥梁抗震设计中，引入隔震技术的目的就是利用隔震装置在满足正常使用功能要求的前提下，达到延长结构周期、消耗地震能量、降低结构响应的目的。因此，对于桥梁的隔震设计，最重要的因素就是设计合理、可靠的隔震装置并使其在结构抗震中充分发挥作用，即桥梁结构的大部分耗能、塑性变形应集中于这些装置，允许这些装置在E2地震作用下发生大的塑性变形和存在一定的残余位移，而结构其他构件的响应基本为弹性或有限塑性。

但是，隔震技术的应用并不是在任何情况下均适用。对于基础土层不稳定、易于发生液化的场地，下部结构刚度小、桥梁结构本身的基本振动周期比较长，位于场地特征周期比较长、延长周期可能引起地基与桥梁结构共振以及支座中出现较大负反力等情况，不宜采用隔震技术。

现有研究表明，在场地条件比较稳定的情况下，可使用隔震技术。

10.1.4　近年来的震害研究表明，基于单一设防水准、单一设计阶段的抗震设计已不能满足实际结构抗震的需要，因此，本细则采用两水平设防、两阶段设计的抗震设计过程。

当采用隔震技术时，应保证设计的结构抗震性能高于不采用隔震技术的抗震性能。这可通过在相同设防水准下，提高结构的性能目标要求来实现。因此，应对E1地震作用和E2地震作用分别进行设计和计算。

10.1.5　桥梁减隔震设计是通过延长结构的基本周期，避开地震能量集中的范围，从而降低结构的地震力。但延长结构周期的同时，必然使得结构比较柔，从而可能导致结构在正常使用荷载作用下发生有害振动，因此要求隔震结构应具有一定的刚度和屈服强度，保证在正常使用荷载下（如风、制动力等）结构不发生有害屈服和振动。

同时，采用减隔震设计的桥梁通常结构的变形比不采用减隔震技术的桥梁大，为了确保隔震桥梁在地震作用下的预期性能，在相邻上部结构之间应设置足够的间隙，且必须对伸缩缝装置、相邻梁间限位装置、防落梁装置等进行合理的设计，并对施工质量给予明确规定。

10.1.6　采用减隔震设计的桥梁，在地震作用下应以隔震装置抗震为主，非弹性变形和耗能宜主要集中于这些装置,而其他构件(如桥墩等)的抗震为辅。为了使大部分变形集中于隔震装置,就必须使隔震装置的水平刚度远低于桥墩、桥台、基础等的刚度。因此本细则规定采用隔震设计的桥梁,其隔震周期至少应为非隔震周期的2倍以上。

10.1.8 从桥梁减隔震设计的原理知,减隔震桥梁抗震的主要构件是减隔震装置,而且,在地震中允许这些构件发生损伤。这就要求减隔震装置性能可靠,且震后可对这些构件进行维护。此外,为了确保减隔震装置在地震中能够发挥应有的作用,也必须对其进行定期的检查和维护。

10.2 减隔震装置

10.2.1 采用减隔震技术设计的桥梁是要通过在桥梁中安装必要的装置而达到减隔震的目的。减隔震系统是由减隔震支座、减隔震用伸缩装置、撞落结构和连梁装置三大部分构成的。这三类装置的功能相互关联,不可缺失。

常用的减隔震支座可分为整体式和分离式两类。

10.3 减隔震桥梁建模原则与分析方法

10.3.3 反应谱法和功率谱法是线弹性分析方法,方法简洁,在一定条件下,使用反应谱法和功率谱法进行减隔震桥梁的分析仍可得到较理想的计算结果,尤其在初步设计阶段,可帮助设计人员迅速把握结构的动力特性和响应值,因此,该方法仍是减隔震桥梁分析中十分重要的分析方法。

但是由于目前大多数减隔震装置的非线性特性,在分析开始时,隔震装置的设计位移是未知的,因而其等效刚度、等效阻尼比也是未知的,所以弹性反应谱分析过程是一迭代过程。正是由于隔震装置的非线性特性及其桥墩非线性特性的相互影响以及隔震桥响应对伸缩装置、挡块等防落梁装置的敏感性等因素,如果需要合理地考虑这些因素的影响时,宜采用非线性动力时程分析方法。因此,本细则要求,在进行抗震性能校核时,宜采用非线性动力时程分析方法进行分析。

10.4 性能要求与抗震验算

10.4.1 隔震桥梁的抗震设计,一方面应满足设防水准地震作用下的性能要求;同时,应对发生超过设防水准地震作用下结构可能的破坏形式给予充分考虑,使其破坏方式朝向损失最低的情况发生,且结构的整个反应特性是延性的。这就要求通过使构件具有不同的强度等级,控制结构在地震作用下构件发生屈服的部位和先后顺序,通过设计使构件具有足够的延性变形能力来实现结构预期的屈服顺序和抗震所需的必要变形能力和耗能能力。

10.4.3 由于减隔震装置是减隔震桥梁中的重要组成部分,必须具有设计要求的预期性能。因此,本细则要求在实际采用减隔震装置前,必须对减隔震装置的性能和特性进行严格的检测试验。原则上必须由原形测试结果来确认减隔震系统在地震时的性能与设计相符。检测试验包括减隔震装置在动力荷载下、静力荷载下的试验,并依据相关的试验检测规程等进行。

11 抗震措施

11.1 一般规定

11.1.1 由于工程场地可能遭受的地震的不确定性,以及人们对桥梁结构地震破坏机理的认识尚不完备,因此桥梁抗震实际上还不能完全依靠定量的计算方法。实际上,历次大地震的震害表明,一些从震害经验中总结出来或经过基本力学概念启示得到的一些构造措施被证明可以有效地减轻桥梁的震害。如主梁与主梁或主梁与墩之间适当的连接措施可以防止落梁。

但构造措施的使用不能与定量的设计结果相矛盾。简单地说,定量的设计计算是桥梁抗震的最基本部分,这包括本细则引入的延性设计概念和减隔震设计概念。构造措施的使用不能导致上述设计结果的失效。

桥梁结构地震反应越强烈,就越容易发生落梁等严重破坏现象,构造措施就越重要,因此处于高烈度区的桥梁结构需特别重视构造措施的使用。

11.2 6 度区

11.2.1 $a \geqslant 70 + 0.5L$ 是日本新桥梁抗震设计规范的取值。$a \geqslant 50 + L$ 是我国《公路工程抗震设计规范》(JTJ 004—89)的取值,对于 40m 以下的桥梁,该值明显偏小,因此本细则采用了日本规范的取值。

11.2.2、11.2.3 这两条系参考日本新桥梁抗震设计规范的取值。

11.3 7 度区

11.3.2 《公路工程抗震设计规范》(JTJ 004—89)的规定。

11.3.3~11.3.5 《公路工程抗震设计规范》(JTJ 004—89)的规定。

11.4 8 度区

11.4.3 使用横向和纵向限位装置可以实现桥梁结构的内力反应和位移反应之间的协

调。一般来讲,限位装置的间隙小,内力反应增大,而位移反应减小;相反,若限位装置的间隙大,则内力反应减小,但位移反应增大。横向和纵向限位装置的使用应使内力反应和位移反应二者之间达到某种平衡,另外,桥轴方向的限位装置移动能力应与支承部分的相适应。限位装置的设置不得有碍于防落梁构造功能的发挥。

设置限位装置的目的之一是保证在中小地震作用下不因位移过大导致伸缩缝等连接部件发生损坏。

限位装置可使用与图11-1类似的结构。

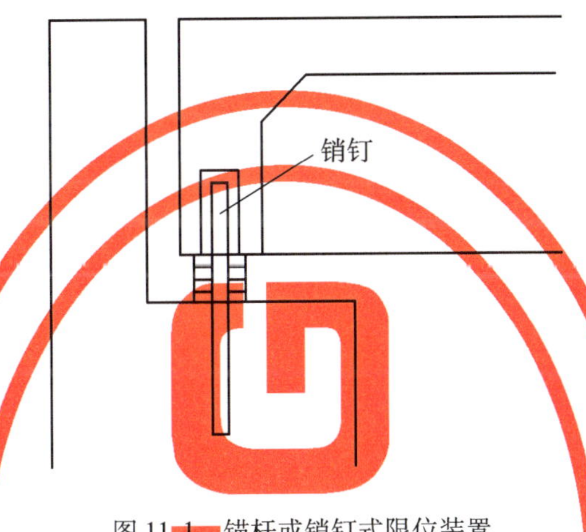

图11-1 锚杆或销钉式限位装置

11.4.6~11.4.12 《公路工程抗震设计规范》(JTJ 004—89)的规定。

11.5 9度区

11.5.1~11.5.7 《公路工程抗震设计规范》(JTJ 004—89)的规定。

公路工程现行标准、规范、规程、指南一览表

（2017 年 6 月）

序号	类别		编　　号	书名（书号）	定价（元）
1	基础		JTG A02—2013	公路工程行业标准制修订管理导则（10544）	15.00
2			JTG A04—2013	公路工程标准编写导则（10538）	20.00
3			JTJ 002—87	公路工程名词术语（0346）	22.00
4			JTJ 003—86	公路自然区划标准（0348）	16.00
5			JTG B01—2014	★公路工程技术标准（活页夹版，11814）	98.00
6			JTG B01—2014	★公路工程技术标准（平装版，11829）	68.00
7			JTG B02—2013	公路工程抗震规范（11120）	45.00
8			JTG/T B02-01—2008	公路桥梁抗震设计细则（13318）	45.00
9			JTG B03—2006	公路建设项目环境影响评价规范（13373）	40.00
10			JTG B04—2010	公路环境保护设计规范（08473）	28.00
11			JTG B05—2015	★公路项目安全性评价规范（12806）	45.00
12			JTG B05-01—2013	公路护栏安全性能评价标准（10992）	30.00
13			JTG B06—2007	公路工程基本建设项目概算预算编制办法（06903）	26.00
14			JTG/T B06-01—2007	★公路工程概算定额（06901）	110.00
15			JTG/T B06-02—2007	★公路工程预算定额（06902）	138.00
16			JTG/T B06-03—2007	★公路工程机械台班费用定额（06900）	24.00
17			交通部定额站 2009 版	公路工程施工定额（07864）	78.00
18			JTG/T B07-01—2006	公路工程混凝土结构防腐蚀技术规范（13592）	30.00
19			交通部 2007 年第 30 号	国家高速公路网相关标志更换工作实施技术指南（1124）	58.00
20			交通部 2007 年第 35 号	收费公路联网收费技术要求（1126）	62.00
21			交通运输部 2015 年第 40 号	★收费公路联网收费多义性路径识别技术要求（12484）	40.00
22			JTG B10-01—2014	公路电子不停车收费联网运营和服务规范（11566）	30.00
23			交通运输部 2011 年	公路工程项目建设用地指标（09402）	36.00
24	勘测		JTG C10—2007	★公路勘测规范（06570）	40.00
25			JTG/T C10—2007	★公路勘测细则（06572）	42.00
26			JTG C20—2011	公路工程地质勘察规范（09507）	65.00
27			JTG/T C21-01—2005	公路工程地质遥感勘察规范（0839）	17.00
28			JTG/T C21-02—2014	公路工程卫星图像测绘技术规程（11540）	25.00
29			JTG/T C22—2009	公路工程物探规程（1311）	28.00
30			JTG C30—2015	★公路工程水文勘测设计规范（12063）	70.00
31	设计	公路	JTG D20—2006	★公路路线设计规范（0996）	38.00
32			JTG/T D21—2014	公路立体交叉设计细则（11761）	60.00
33			JTG D30—2015	★公路路基设计规范（12147）	98.00
34			JTG/T D31—2008	沙漠地区公路设计与施工指南（1206）	32.00
35			JTG/T D31-02—2013	★公路软土地基路堤设计与施工技术细则（10449）	40.00
36			JTG/T D31-03—2011	★采空区公路设计与施工技术细则（09181）	40.00
37			JTG/T D31-04—2012	多年冻土地区公路设计与施工技术细则（10260）	40.00
38			JTG/T D31-05—2017	黄土地区公路路基设计与施工技术规范（13994）	50.00
39			JTG/T D31-06—2017	季节性冻土地区公路设计与施工技术规范（13981）	45.00
40			JTG/T D32—2012	★公路土工合成材料应用技术规范（09908）	42.00
41			JTG D40—2011	★公路水泥混凝土路面设计规范（09463）	40.00
42			JTG D50—2017	★公路沥青路面设计规范（13760）	50.00
43			JTG/T D33—2012	公路排水设计规范（10337）	40.00
44		桥隧	JTG D60—2015	★公路桥涵设计通用规范（12506）	40.00
45			JTG/T D60-01—2004	公路桥梁抗风设计规范（13804）	40.00
46			JTG D61—2005	公路圬工桥涵设计规范（13355）	30.00
47			JTG D62—2004	公路钢筋混凝土及预应力混凝土桥涵设计规范（05052）	48.00
48			JTG D63—2007	公路桥涵地基与基础设计规范（06892）	48.00
49			JTG D64—2015	★公路钢结构桥梁设计规范（12507）	80.00
50			JTG D64-01—2015	公路钢混组合桥梁设计与施工规范（12682）	45.00
51			JTG/T D65-01—2007	公路斜拉桥设计细则（1125）	28.00
52			JTG/T D65-04—2007	公路涵洞设计细则（06628）	26.00
53			JTG/T D65-05—2015	公路悬索桥设计规范（12674）	55.00
54			JTG/T D65-06—2015	公路钢管混凝土拱桥设计规范（12514）	40.00
55			JTG D70—2004	公路隧道设计规范（05180）	50.00
56			JTG/T D70—2010	★公路隧道设计细则（08478）	66.00
57			JTG D70/2—2014	公路隧道设计规范　第二册　交通工程与附属设施（11543）	50.00

续上表

序号	类别		编号	书名(书号)	定价(元)
58	设计	桥隧	JTG/T D70/2-01—2014	公路隧道照明设计细则(11541)	35.00
59			JTG/T D70/2-02—2014	公路隧道通风设计细则(11546)	70.00
60		交通工程	JTG D80—2006	高速公路交通工程及沿线设施设计通用规范(0998)	25.00
61			JTG D81—2006	★公路交通安全设施设计规范(0977)	25.00
62			JTG/T D81—2006	★公路交通安全设施设计细则(12609)	50.00
63			JTG D82—2009	公路交通标志和标线设置规范(07947)	116.00
64		综合	交公路发〔2007〕358 号	公路工程基本建设项目设计文件编制办法(06746)	26.00
65			交公路发〔2007〕358 号	公路工程基本建设项目设计文件图表示例(06770)	600.00
66			交公路发〔2015〕69 号	公路工程特殊结构桥梁项目设计文件编制办法(12455)	30.00
67	检测		JTG E20—2011	公路工程沥青及沥青混合料试验规程(09468)	106.00
68			JTG E30—2005	公路工程水泥及水泥混凝土试验规程(13319)	55.00
69			JTG E40—2007	★公路土工试验规程(06794)	79.00
70			JTG E41—2005	公路工程岩石试验规程(13351)	30.00
71			JTG E42—2005	公路工程集料试验规程(13353)	50.00
72			JTG E50—2006	★公路工程土工合成材料试验规程(13398)	40.00
73			JTG E51—2009	公路工程无机结合料稳定材料试验规程(08046)	60.00
74			JTG E60—2008	公路路基路面现场测试规程(07296)	38.00
75			JTG/T E61—2014	公路路面技术状况自动化检测规程(11830)	25.00
76	施工	公路	JTG F10—2006	公路路基施工技术规范(06221)	50.00
77			JTG/T F20—2015	★公路路面基层施工技术细则(12367)	45.00
78			JTG/T F30—2014	公路水泥混凝土路面施工技术细则(11244)	60.00
79			JTG/T F31—2014	公路水泥混凝土路面再生利用技术细则(11360)	30.00
80			JTG F40—2004	★公路沥青路面施工技术规范(05328)	50.00
81			JTG F41—2008	公路沥青路面再生技术规范(07105)	25.00
82		桥隧	JTG/T F50—2011	★公路桥涵施工技术规范(09224)	110.00
83			JTG/T F81-01—2004	公路工程基桩动测技术规程(0783)	20.00
84			JTG F60—2009	公路隧道施工技术规范(07992)	42.00
85			JTG/T F60—2009	公路隧道施工技术细则(07991)	58.00
86		交通	JTG F71—2006	★公路交通安全设施施工技术规范(13397)	30.00
87			JTG/T F72—2011	公路隧道交通工程与附属设施施工技术规范(09509)	35.00
88	质检安全		JTG F80/1—2004	公路工程质量检验评定标准　第一册　土建工程(05327)	46.00
89			JTG F80/2—2004	公路工程质量检验评定标准　第二册　机电工程(05325)	40.00
90			JTG G10—2016	公路工程施工监理规范(13275)	40.00
91			JTG F90—2015	★公路工程施工安全技术规范(12138)	68.00
92	养护管理		JTG H10—2009	公路养护技术规范(08071)	49.00
93			JTJ 073.1—2001	公路水泥混凝土路面养护技术规范(13658)	20.00
94			JTJ 073.2—2001	公路沥青路面养护技术规范(13677)	20.00
95			JTG H11—2004	公路桥涵养护规范(05025)	30.00
96			JTG H12—2015	公路隧道养护技术规范(12062)	60.00
97			JTG H20—2007	公路技术状况评定标准(13399)	25.00
98			JTG/T H21—2011	★公路桥梁技术状况评定标准(09324)	46.00
99			JTG H30—2015	公路养护安全作业规程(12234)	90.00
100			JTG H40—2002	公路养护工程预算编制导则(0641)	9.00
101	加固设计与施工		JTG/T J21—2011	公路桥梁承载能力检测评定规程(09480)	20.00
102			JTG/T J21-01—2015	公路桥梁荷载试验规程(12751)	40.00
103			JTG/T J22—2008	公路桥梁加固设计规范(07380)	52.00
104			JTG/T J23—2008	公路桥梁加固施工技术规范(07378)	30.00
105	改扩建		JTG/T L11—2014	高速公路改扩建设计细则(11998)	45.00
106			JTG/T L80—2014	高速公路改扩建交通工程及沿线设施设计细则(11999)	30.00
107	造价		JTG M20—2011	公路工程基本建设项目投资估算编制办法(09557)	30.00
108			JTG/T M21—2011	公路工程估算指标(09531)	110.00
1	技术指南		交公便字〔2006〕02 号	公路工程水泥混凝土外加剂与掺合料应用技术指南(0925)	50.00
2			厅公路字〔2006〕418 号	公路安全保障工程实施技术指南(1034)	40.00
3			交公便字〔2009〕145 号	公路交通标志和标线设置手册(07990)	165.00

注:JTG——公路工程行业标准体系;JTG/T——公路工程行业推荐性标准体系;JTJ——仍在执行的公路工程原行业标准体系。批发业务电话:010-59757973;零售业务电话:010-85285659(北京);网上书店电话:010-59757908;业务咨询电话:010-85285922。带“★”的表示有勘误,详见中国交通运输标准服务平台 www.yuetong.cn/bzfw。